Achterbahn im Kopf

- Tagebuch aus der Psychiatrie -

von Christian Waluga

Christian Waluga: Achterbahn im Kopf
Giebelstadt, im September 2015

Autor:
Christian Waluga

Erstauflage
Herstellung / Verlag: tredition.de

ISBN: 978-3-7323-603-5

Vorwort

Ich widme dieses Buch allen, die auf die ein oder andere Weise mit ihren inneren Dämonen zu kämpfen haben. Vielleicht erkennt sich ja der Ein oder Andere ein Stück weit wieder. Die einzelnen Abschnitte dieses Buches sind bewusst nicht geordnet, eher chaotisch, um es so authentisch wie nur irgendwie möglich zu halten. Es soll einen Einblick in mein Leben geben, aber vor allem in die Zeit in welcher es mir am schlechtesten ging. Meine Zeit in der Psychiatrie. Es soll Einblick in meine Verwirrtheit in dieser Zeit geben. Ich möchte mit diesem Buch niemanden Helfen oder gar Ratschläge erteilen. Verstehen soll es helfen oder den ein oder anderen Blick mehr in die Richtung von Verständnis lenken. Verständnis für das, was in psychisch Kranken Menschen vorgeht. Ein großes Lob möchte ich an dieser Stelle auch an den Professor und sein gesamtes Team (Ärzte, Psychologen, Schwestern, Sozialarbeiterinnen) richten. Sie machen einen hervorragenden Job und ich hoffe, dass sich eines Tages die Vorurteile gegen die Institution „Psychiatrie" zumindest stark verringern werden.

Herzlichst, Ihr
Christian Waluga

Teilweise steckt in den Erzählung etwas Fiktion und teilweise wurde sich aus der Realität bedient.
Die Namen der Beteiligten wurden geändert.

Eigentlich hätte ich zufrieden sein können. Ich habe mir über die ganzen Jahre einen Wohlstand erarbeitet, welchen es nur noch selten gibt. Ich habe wohl alle Phasen durchgemacht, die es nur gibt; von bettelarm bis „stinkreich".

Schnelle Autos, teure Motorräder, bis hin zum Luxus-Urlaub in Miami-Beach. Bis hin zu diesem Wochenende im Juli 2015, an welchem das alles für mich an Bedeutung verlor. Nachdem mir alles zu viel wurde; zu viel Stress, Druck und Dauerbelastung, dazu noch die ständigen Probleme meiner Beziehung und mit meinem jüngsten Sohn, wollte ich einfach nicht mehr. Also nahm ich an einem Freitag Nachmittag eine Überdosis Tranxillium, welche mich dann auch postum ins Krankenhaus brachte, aber eben nur dort hin.

Sonntag und Montag waren relativ schöne, entspannte Tage. Sonntag war ich mit meinen Söhnen nochmal auf das große Würzburger Volksfest „Kiliani" gegangen und habe mir mit Timo, meinem Lebensgefährten, das Abschlussfeuerwerk von Auto aus angesehen. Montag Abend war ich dann nochmal bei Timo zu Hause, nach einem wiederholten Streit war er bei uns einmal wieder ausgezogen. Auf einem Feldweg haben wir dann noch eine wunderbare, intime Zeit gemeinsam verbracht. Auf dem nach Hause Weg, von Timo zurück zu mir nach Hause, ist mir dann wieder eine Sicherung durchgeknallt. Ich habe mir 2 komplette Riegel Tranxillium eingeworfen, welche mich dann erst auf die Intensivstation und schlussendlich hier her brachten. Nach meinem Erwachen ging es direkt mit Begleitung der Polizei, welche einen richterlichen Beschluss im Gepäck hatte, in die Psychiatrie.

25. Juli 2015

2 Suizidversuche innerhalb von 3 Tagen.

Hätte ich Timo und Elli, eine meiner besten Freundinnen, nicht alarmiert, wäre es das wohl mein Ende gewesen. Was wäre dann ? Was wäre, wenn ich jetzt nicht mehr hier wäre ? Hätte Mauser, dem ich seine Betriebe abgekauft hatte und der mir aufs übelste mitspielt, dann letztendlich gewonnen ? Ich glaube auch nicht mehr als er eh schon gewonnen hat. Zumindest wäre meine Familie jetzt finanziell so abgesichert, dass alle Probleme auf einen Schlag sich in Luft auflösen würden. Einschließlich ich, mit samt meiner Launen und Problemen.
Das Einzige um das es mir leid getan hätte, wären meine Kinder, Malcolm und Manuel, gewesen, welche ich über alles liebe. Meine Mutter wäre sicherlich daran zerbrochen. Allein schon durch ihr schier zwanghaftes Verhalten uns Kindern gegenüber. Ihr Liebe ist manchmal so hart wie ein Schraubstock und ihre Ängste so belastend wie ein Alptraum. Ich liebe sie wirklich sehr, aber dieses Verhalten muss sich ändern, ich bin immerhin jetzt 34 Jahre alt und brauche niemanden der ständig auf mich aufpasst, oder doch ?

Mein Bruder ? Er hat schon fast so viel in seinem Leben

5

mitgemacht wie ich; ich denke er hätte es gepackt damit zu leben. Was ist mit David, meinem seit 15 Jahren angetrauten Ehemann ? Ich weiß es ehrlich gesagt nicht. Ich kann ihn zur Zeit nicht mehr einschätzen. Ich denke, dass es ihm ohne mich besser gehen würde. Jahrelang hat er meine Launen und meinen Lebensstil ertragen und immer zu allem Ja und Amen gesagt. Aber von so etwas wie einer Beziehung kann man da schon seit Jahren nicht mehr sprechen. Ich würde es ehr noch als eine Art Wohn- und Zweckgemeinschaft bezeichnen.

Tag für Tag frage ich mich, ob ich überhaupt normal bin.

Gegenüber David sehe ich bei mir eigentlich nur eine moralische Verpflichtung auf Grund seiner Krankheiten. Aber genau dieser Punkt lässt mich in Angst ausbrechen. Diese ständigen Streitereien, sei es wegen Timo oder anderen Dingen haben mich ebenfalls schwer an die Grenze des erträglichen gebracht. Mir ist durchaus bewusst, was ich allen mit der Form meines Lebensstiles antue. Ich weiß, dass es für alle schwer ist.

Die Betriebsübernahmen Bestattungen Mauser und Cafehaus Harmonie haben ihr übriges dazu getan. Wenn man nur noch Kämpfen muss wie ein Löwe ist irgendwann alle Kraft weg. Ich bin auch noch so ein gutmütiger Idiot und lasse Herrn Mauser in seinem Haus, welches ich auch erworben habe, wohnen und als Dank von ihm kommt eine Anklage nach der nächsten. Das ich das mit ihm vereinbarte Beratergehalt, welches er ebenfalls aus purer Gutmütigkeit von uns zugesichert bekam, nicht bezahlen konnte, hat mir sicherlich keinen Spaß gemacht, aber bei einem solchen maroden Betrieb ging es einfach nicht. Hätte man mir beim Kauf die richtigen Zahlen vorgelegt, hätte ich die Finger davon gelassen. Hätte, würde, wenn.....jetzt ist es halt leider so gelaufen und hätte mich um ein Haar um alles gebracht, was ich mir mit meiner Familie in den vergangenen 14 Jahren aufgebaut habe. Die Kraft und Ängste in dieser Zeit der Übernahme und auch jetzt noch, kann sich niemand auch nur im Ansatz vorstellen.

Mein Beruf, der des Bestatters, war für mich immer eine Berufung und dies machte auch den Erfolg über die ganzen Jahre aus. Ich war jahrelang finanziell unabhängig und dann das ? Ich habe immer wieder betont, dass der Tag an dem die Firma am Ende wäre auch meine Ende wäre und zu dieser Aussage stehe ich nach wie vor.

Was war aber letztendlich der Auslöser der letzten beiden Suizidversuche ? Vielleicht einfach der Ablauf meines kompletten bisherigen Lebens ? Aufgewachsen bin ich in sehr einfachen, ärmlichen Verhältnissen. Die Drogensucht meines geliebten Bruders Michael ? Mit ansehen zu müssen, wie sich der eigene Bruder zu Grunde richtet war für mich als Kind extrem hart und beängstigend. Seine Wutausbrüche, sein Verhalten, wenn er High war und sein damaliger Umgang, sprich seine Freunde. Er hatte teilweise sogar Dinge meiner Eltern verkauft um Geld für den nächsten Schuss zu haben. Oder die Situation in welcher er mir nachts im Drogenwahn ins Gesicht urinierte und ich es still und ängstlich ertragen habe; diese Bilder werde ich mein leben lang nicht mehr los. Für manche mag es banal klingen, aber mich hat dies alles sehr geprägt. Nach seinem Tod mussten wir Kinder uns mit ansehen, wie uns Vater sein Leben Quasi aufgegeben hatte. Getrunken hatte er schon immer, aber ab Michaels Tod schien es ihm einfach egal zu sein. Was habe ich es als kleines Kind genossen, wenn Papa mit mir in den Zirkus oder aufs Volksfest gegangen ist oder mich im Sommer mit in den Biergarten genommen hat. Samstags habe ich immer von ihm eine Mark bekommen, dafür musste ich ihm die Haare kämmen und dann gibt dieser Mann einfach so auf ?

Seine letzten Tage waren schlimm. Ich habe es dann auch nicht mehr ertragen ihn im Krankenhaus zu besuchen. Ich stelle mir immer und immer wieder die Frage, ob ich und mein Bruder Basti es nicht wert gewesen wären, dass er um sein Leben kämpft ? Die Geburt seines ersten richtigen Enkelsohnes, meines Sohnes Malcolm, hat er um gerade mal einen Monat verpasst.

Marina, meine Ex-Frau, hatte ich schon durch meinen Bruder Michael gekannt. Als ich sechzehn Jahre alt war, wurde mit dem Einverständnis meiner Mutter geheiratet und unser zweiter Sohn Manuel erblickte das Licht der Welt, als ich dann gerade einmal achtzehn Jahre alt war.

Ich hätte Marina so viel Leid und Kummer ersparen können, wenn ich mich nur früher geoutet hätte. Unterm Strich wusste ich schon als Kind, dass ich mich mehr für das gleiche Geschlecht interessiere. Wenn man aber in einem Umfeld aufwächst, in welchem sich über Homosexualität nur lustig gemacht wurde, ist es nicht gerade einfach mal eben zu seiner Familie zu gehen und zu sagen „Hey, ach übrigens, ich bin schwul". Nach meinem Outing hatte ich schon einmal versucht mir das Leben zu nehmen. Manchmal denke ich wäre es besser gewesen, wenn es damals schon geklappt hätte. Ich hätte der Welt viel erspart. Ich hätte meiner Familie viel erspart, unter anderem meinen Hang zur Extreme. Sei es im Sport und der damit verbundenen Jahre langen Abhängigkeit von Steroiden, die damit verbundenen Launen, etc. Aber der Kraftsport war und ist nun einmal der wichtigste Ausgleich in meinem Leben.

Naja, nun bin ich seit dem einundzwanzigsten Juli zweitausendfünfzehn hier in der Psychiatrie. Ich hoffe hier Hilfe zu finden, zumindest wünsche ich es mir. Die ersten beiden Tage musste ich auf der geschlossenen Station „neunzehn unten" verbringen. Diese Tage waren für mich der absolute Alptraum. Menschen zu sehen, welche so leiden, bzw. so schwere Psychosen mit sich herumtragen war für mich einfach nur schlimm und schwer zu ertragen. Ich wurde dann, Gott sei Dank, nach der ersten Nacht und einem quälend langen Nachmittag auf Privatstation „achtzehn oben" verlegt. Hier hat es mich doch sehr gut erwischt. Nette Mitbewohner, Freigang etc. Nur das erste

Gespräch mit der Oberärztin Frau Dr. Kocher hat etwas in mir ausgelöst. Zum einen habe ich mich noch nie jemanden so geöffnet und zum anderen hatte ich durch dieses Gespräch einen wahren Flash-Back in meine Kindheit erlebt. Seit dem sind so viele Dinge in mir am Hochkochen, dass meine Gedanken und Gefühle Achterbahn fahren. Wenn man auf einmal wieder an Dinge denken muss, die man Jahre lang erfolgreich verdrängt hat.....ich hasse dieses Gefühl. Teilweise schmerzt dies so sehr, dass man es nicht in Worte fassen kann.

Als ich in meiner Tasche den Brief meines Sohnes Malcolm gefunden und gelesen habe, musste ich einfach nur noch weinen. Von Manuel hätte ich so etwas gar nicht erwartet weil er genau so ein „Mauer-Errichter" ist wie ich.

„Hey Dad,
wollte dir nur mal sagen das ich mega stolz auf dich bin.
Ich bin auch mega froh darüber das ich damals den
Kontakt wieder aufgenommen habe denn du bist mir
mega wichtig und egal was ist denk dran ich habe dich
ganz doll lieb und werde immer für dich da sein und dir
mit allen Problemen beistehen :*
Hab dich mega dolle lieb und eins noch du packst das wie
du alles immer packst. Ich bewunder dich auf dafür das
du mit allen Problemen kurzen Prozess machst und nie
aufgibst. Hab dich ganz arg lieb Dad und du fehlst mir
komm so schnell wie möglich wenn wieder alles okay ist
zurück und hör auch nie auf zu kämpfen denn du bist ein

Waluga und außerdem der beste Papa den man haben kann. Hab dich lieb. Liebe grüße dein Sohnemann Malcolm"

Viel hilft mir zur Zeit Cornelia, welche auch hier Bewohnerin ist. Sie hat mir ein schönes Gedicht geschenkt und ein Ginkoblatt. So viel Zeit zum Nachdenken, so viel Zeit zum herunterfahren, aber ich denke genau das brauche ich. Im Moment werden mir die normalsten Dinge, wie Besuch zum Beispiel oder der Gang in die Stadt einfach zu viel. Ich fühle mich danach leer, ausgebrannt und einfach kaputt. Einfach lächerlich für jemanden, der es gewöhnt war immer Gas zu geben und alles aus sich herauszuholen. Im Moment fühlt sich das alles so verdammt komisch an. Keine Firma, nicht zu Hause, auch nicht bei meinen Jungs in Erlangen, für die ich immer alles gegeben habe (finanziell, sowohl auch mental bei den jeweiligen Veranstaltungen) etc. Meine Jungs in Erlangen bezieht sich auf eine Firma, bei welcher ich Teilhaber bin, welche Wrestling-Events (meine große Leidenschaft) veranstaltet. Dort ist es eine ganz eigene, besondere Welt, welche allerdings auch sehr viele Schattenseiten besitzt. Meistens wird nach Außen hin der große Zusammenhalt vorgespielt, aber in den allermeisten Fällen ist dies leider nur sehr oberflächlich. Dieses Oberflächliche gibt es eben bei meinen Jungs in Erlangen nicht.Hier hält man zusammen. Ich versuche mich einfach auf das einzulassen, was nun folgt, in der Hoffnung das andere mich deshalb nicht als schwach oder Versager ansehen. Jetzt hätte ich gerne meine Gitarre um einfach etwas darauf zu klimpern oder einfach mal zwei Stunden Gewichte heben. Ich geh jetzt erst einmal eine rauchen.

Leben, lieben, hassen,
sich in die Tiefe fallen lassen.
Eine Tiefe voller Schatten und Angst,
wenn du dann um dein Leben bangst.
Ist diese Angst erst überwunden,
keine Fehler dir gestundet.
Braucht´s nur ein kleines bisschen Mut
und danach ist alles gut.

Manchmal frage ich mich, ob meine ersten sexuellen Erfahrungen mit Männern nur Fiktion waren oder ob dies tatsächlich so geschehen ist. Die Vorstellung, dass dies nur Einbildung war, gefällt mir wesentlich besser. Sollte dies so gewesen sein, dann muss ich mich mit dem Gedanken anfreunden, dass ich wohl als kleines Kind das Opfer sexuellen Missbrauchs war. Zumindest aber wurde meine kindliche Neugier schamlos ausgenutzt, was ja dann eigentlich das selbe ist. Ich weiß nicht genau wie alt ich damals war. Jedenfalls nicht älter als 10 oder 11 Jahre, als ich die ersten pornographischen Bilder und Filme gesehen habe und mit Michael darüber gesprochen habe, bzw. vielmehr von Michael einmal dabei erwischt wurde. Ich kann mich nur daran erinnern, dass es einmal zu einem Vorfall zwischen mir, ihm und einem seiner damaligen Freunde kam, welcher mich noch bis heute verfolgen sollte. Ich war doch noch so unbeholfen und hatte von so etwas doch keine Ahnung. Auf die Frage, welche mir damals Michael stellte, ob ich das auch einmal ausprobieren wollte, hatte ich in meiner kindlichen Neugierde mit „ja" geantwortet. Hätte ich nicht einfach nein sagen können? Im Normalfall beschäftigen Kinder in diesem Alter sich mit Computerspielen oder mit dem Herumtollen im Freien und nicht mit sexuellen Gegebenheiten. Ich kann mich noch daran erinnern, dass kurz auf mein „ja" beide ihre Hosen öffneten und mir sagten ich solle es ihnen mit dem Mund machen bis das Weiße kommt. Ich weiß auch nicht mehr, wie ich damals als Kind empfunden hatte. Das war, glaube ich, das einzige Mal, dass mein Bruder Michael dabei war. Ich diese Erlebnisse dann noch einige Male mit dem Kumpel meines Bruders, wobei diese folgenden Erlebnisse noch weit über das was ich mit beiden erlebt hatte hinausgingen.

Ein neuer Tag

Im Moment hasse ich es, ja es zerreißt mich schier, meine Vergangenheit aufzuarbeiten. Es gibt, bzw. gab Momente in meinem Leben, da wäre ich am liebsten schreiend davon gerannt. Durch den Tod meines Bruders Michael musste ich leider relativ schnell erwachsen werden. Ich hätte so gerne eine unbeschwerte Jugend erlebt, aber das war mir anscheinend nicht gegönnt, bzw. war dies wohl auch ein Stück weit meine eigene Schuld. Zumindest spätestens ab dem Punkt, ab dem Marina, meine spätere Ehefrau und die Mutter meiner Kinder, in mein Leben getreten ist. Ich war damals, kurz nach dem Tod meines Bruders Michael, gerade einmal vierzehn Jahre alt als ich Marina bei ihrem Umzug in eine neue Wohnung geholfen habe. Sie müsste damals so um die einundzwanzig Jahre alt gewesen sein. In ihrer neuen Wohnung hat es dann zwischen uns das erste mal gefunkt, wenn man dies im Nachhinein betrachtet überhaupt so nennen kann. Auf jeden Fall kam es hier auch zu den ersten sexuellen Kontakten zwischen uns. Marina wurde dann auch in relativ kurzer Zeit schwanger, was für mich bedeutete, dass ich ab diesem Zeitpunkt noch mehr Verantwortung tragen musste. So kam es, dass ich neben meiner Ausbildung zum staatlich geprüften Sozialbetreuer an einer Tankstelle gejobbt habe, um Geld für die Familie und unseren Lebensunterhalt zu verdienen. Während andere in meinem Alter Party machten und Spaß hatten musste ich arbeiten gehen. Eigentlich bin ich damals davon ausgegangen, dass Marina die Pille nahm. Erst Jahre später hatte sie mir gebeichtet, dass sie das Kind unbedingt wollte.

Nach meiner Ausbildung stand ich, beruflich gesehen, erst einmal auf der Straße. Mir blieb lediglich der Gang zum Sozialamt, was damals für mich ein sehr schwerer Schritt war und mich extrem belastet hatte. Hier wurde ich, im Rahmen einer ABM-Maßnahme, auf den Würzburger Waldfriedhof geschickt, um für zwei Mark in der Stunde dort die Wege zu kehren. Gott sei Dank fand ich dann nach relativ kurzer Zeit, ich denke es waren keine drei Monate, eine Arbeitsstelle bei einem Würzburger Bestattungsunternehmen. Diese Arbeitsstelle war zwar sehr schlecht bezahlt, aber für mich immer noch besser als vom Staat leben zu müssen. Ich war gerade achtzehn Jahre alt, hatte gerade meinen Führerschein bekommen und fühlte mich einigermaßen besser, als wir uns bewusst für unser zweites Kind, Manuel, entschieden hatten. In finanzieller Hinsicht, war es eine sehr schwere Zeit. Ich musste bei meinem damaligen Arbeitgeber zwischen sechzig und fünfundsechzig Stunden in der Woche arbeiten und habe das sagenhafte Gehalt von neunhundertfünfzig Euro Netto monatlich verdient.

Ich merkte allerdings schon relativ früh, dass ich mich mehr zum gleichen Geschlecht hingezogen fühlte und so kam es, dass ich es, nach einigen Affären mit Männern, einfach nicht mehr länger ausgehalten habe. Ich hatte zum damaligen Zeitpunkt gerade Joe kennengelernt und mich in ihn verliebt, was für mich in einer großen Zwickmühle endete. Also blieb mir keine andere Wahl und ich musste mich entscheiden. Ich schrieb also meinen Eltern und Marina einen Brief, in welchem ich mich zu erklären versuchte. Ich warf die Briefe in die jeweiligen Briefkästen und verschwand über Nacht zu Joe und hoffte darauf, dass ich wenigstens von Seiten meiner Eltern Verständnis bekommen würde (mir war klar, dass ich von Marina dies nicht erwarten konnte). Die Trennung von Marina war somit wohl unausweichlich und auch notwendig, oder ich würde vor die Hunde gehen. Von meinem damaligen Gehalt konnte ich logischerweise nie viel Unterhalt für die Kinder bezahlen. Ich schaffte es gerade einmal einhundertfünfzig Euro im Monat auszubringen. Mit dem Rest musste ich irgendwie mein Leben bestreiten. Hätte ich damals nicht die Unterstützung meiner Eltern gehabt, so hätte ich dies wahrscheinlich niemals geschafft.

Graue Wolken über weiter Flur
Für jeden von uns tickt die Uhr
Der eine früher, der andere später
Gehn muss selbst der edelste Täter
Ein Leben nur für andere hier
Fällst irgendwann durch eine Tür
Auffangen wird dich sicher keiner
So ist die Welt.....immer kälter und gemeiner

„Bist du ein guter Mensch, wenn du stets für andere da bist ?

Bist du ein erfolgreicher Mensch, wenn du stets an deinen Erfolgen gemessen wirst ?

Bist du ein wohlhabender Mensch, wenn du stets an deinen Besitztümern ausgemacht wirst ?

Das alles spielt keine Rolle.
Du bist ehr ein armer Mensch, wenn du all dies hast und dich trotzdem niemand auffängt".

Ein weiterer grauer Tag

Ich stelle mir immer und immer wieder die selbe Frage: Habe ich noch die Kraft für das alles hier ? Jeder der mich sieht sagt immer nur: „Man, du bist doch so ein starker Kerl, du schaffst das schon". Ich kann das nicht mehr hören. Im Moment überrennen mich die Gefühle wie eine Herde Bisons, welche über die weiten Felder trampeln. Ich kann einfach nicht mehr. Ich habe keine Kraft mehr. Es fühlt sich, als ob jemand einem den Boden unter den Füßen wegzieht und man nur noch fällt und fällt und fällt. Verdammt, ich, derjenige der sonst immer alles geschafft hat was er sich auch nur ansatzweise in den Kopf gesetzt hat; Ich, derjenige, der alles immer in Perfektion versucht hat durchzuziehen. Und jetzt ? Jetzt sitz ich hier wie ein Häufchen Elend auf meinem Bett und weiß nicht mehr weiter. Was zum Henker ist das bitte ? Ich vermisse gerade noch nicht einmal mein zu Hause. Ich würde am liebsten ausbrechen aus diesem Leben voller Zwänge und Pflichten. Einfach nur weg, weit weg. Was würden mein Bruder Michael und mein Vater, welcher drei Jahre nach Michael verstorben ist, jetzt dazu sagen ? Keine Ahnung ! Ich weiß auch nicht nicht mehr, wie oft ich mich mit beiden schon im Gedanken unterhalten und nach Hilfe gebettelt habe. Fast genauso oft wie ich dies in meinen Zwiegesprächen mit Gott getan habe. Aber hat mir irgendjemand geholfen ? Mein Bruder ? Mein Vater ? Oder Gott ? Nein, es war nie jemand da, der mir geholfen hätte.

„Wenn alles sinnlos scheint, das Leben ist dein größter Feind. Dann hilft dir auch nicht einmal mehr die Zeit"
(Peter Maffay)

26.07.2015...ein weiteres Gedicht

Pass auf mich auf

Reich mir deine Hand
lass mich bei dir geborgen fühlen
Egal zu welcher Zeit, in welchem Land
Lass nicht zu, dass schlechte Gefühle mich zerwühlen

Sei für mich da, wenn ich dich brauch
sei du der Stern in dunkler Nacht
lass mich nicht untergehn in Schall und Rauch
lass nicht zu die dunkle Macht

Mal geht es ab, mal geht es auf
sei du mein Anker in der Not
Sei für mich da, pass auf mich auf
lass nicht zu, dass mich holt der Tod

Sollte deine Hand der meinen entgleiten
sich mein Licht in Schatten wandeln
sich die Freude in Traurigkeit leiten
weiß ich, wie ich habe zu handeln

Pass auf mich auf

Immer noch der 26.07.2015

Ich habe eine ziemlich bescheidene Nacht hinter mir. Trotz der Medikamente habe ich fast nicht schlafen können. So unendliche viele Gedanken schwirren mir durch meinen Kopf. Sei es das Privatleben oder meine Betriebe. Zusätzlich drehen sich meine Gedanken in einer Tour um meinen Bruder Michael und um meinen Papa. Eigentlich habe ich immer an die beiden gedacht, aber noch nie, jedenfalls nicht in den letzten Jahren, so dermaßen intensiv und emotional wie in den letzten Tagen. Was meinen Lebenspartner David angeht habe ich irgendwie ein sehr komisches Bauchgefühl. Es irritiert und verletzt mich, dass er sich so gut wie gar nicht bei mir meldet.

„Du stirbst langsam in mir. Wir verschwinden.
Ich kann das was ich such nicht mehr finden" (Peter Maffay)

Ich vermisse meine Truppe aus Erlangen extrem. Ich bin zwar nur Teilhaber dieser Firma, aber ich vermisse diesen Zusammenhalt, welcher dort seit Jahren besteht. Für mich waren die Jungs immer wie eine zweite Familie oder wie ein rettender Hafen im Sturm. Wenn wir einmal im Monat eine Event veranstalten, dann ist das jedes mal auf's neue für mich, als würde ich nach Hause kommen. Was sind eigentlich die Dinge welche mir Leben Spaß machen ? Das ist eigentlich nicht viel, aber dennoch so viel, dass ich nie alles unter einen Hut gebracht habe: Sport, Musik (meine E-Gitarren, obwohl ich nie sonderlich gut darin war) und meine NEW (New European Championship Wrestling – also meine Jungs in Erlangen). Es fühlt sich für mich auch sehr befremdlich an, dass ich im Moment nicht einmal meine geliebten Hunde vermisse, welche mir sonst alles bedeutet haben. Zur Zeit fühlt sich alles so an, als hätte man mich in Watte gepackt, aus der man, trotz ihrer Weichheit, nicht mehr entkommen kann. Was würde ich generell gerne in meinem Leben tun ? Hm, gute Frage, welche aber relativ einfach beantwortet ist. Ich würde gerne einfach einmal die Zeit, mein Leben genießen, aus allen Zwängen, aus aller Verantwortung einfach einmal ausbrechen. Vielleicht einfach auf ein Schiff oder in ein Flugzeug steigen und für eine lange Zeit einfach einmal verschwinden. Auch wenn ich oft mit einer gewissen Begeisterung von meinem Beruf als Bestatter spreche, bin ich mir nicht mehr sicher ob das wirklich meine Berufung ist. Ich kann zur Zeit diesen Beruf nicht mehr ausüben. Das ganze Leid, die Trauer, einfach das gesamte Spektrum Tod machen mich psychisch einfach nur noch kaputt. Aber ich glaube für ein Zurück ist es leider zu spät. Es ist nun mal mein Beruf. Ich bin eigentlich bekannt als ehr extremer Mensch oder als ein leicht schräger Vogel, aber dennoch wird in mir der Wunsch, aus all den Zwängen auszubrechen immer größer. Ich möchte einfach nur die Reset-Taste in meinem Leben drücken und nochmal ganz von vorne beginnen können.

Timo, die Liebe meines Lebens, welche ich vor zwei Jahren kennengelernt habe. Ist er mir treu oder nicht ? Ich stelle mir diese Frage immer und immer wieder. Warum fällt es mir so unendlich schwer Vertrauen zu Menschen aufzubauen ? Seit meiner Beziehung zu Thomas konnte ich keinem Menschen mehr hundert prozentiges Vertrauen schenken, dabei gab es Zeiten in welchen ich teilweise keinen Deut besser war. Ja, ich habe Timo damals mit Elli betrogen, was ich zu tiefst und aus tiefstem Herzen heraus bereue. Ausgerechnet an meinem Geburtstag musste dies passieren. Ich war extremst alkoholisiert und mit Tabletten vollgestopft. Dies soll und darf aber keine Ausrede sein. Eine Schande, dass dies überhaupt passieren musste. Fast zwei Jahre danach schmiert mir Timo diese Sache immer noch gerne bei Streitigkeiten aufs Brot. Es tut mir so unendlich leid, dass dies passiert ist, aber ich kann nicht mehr tun als mich dafür zu entschuldigen. Ich kann es leider nicht mehr rückgängig machen. Ich und Timo streiten leider sehr häufig. Andere Beziehungen hätten so etwas niemals überstanden. Warum wir ? Warum kommen wir einfach nicht voneinander los ? Ich kann mir das nur so erklären, dass es hier irgend eine Art von starkem Band, bzw. eine starke Verbindung zwischen uns geben muss, welche uns immer wieder zusammen führt.

Ich höre gerade von den Scorpions „When you came in to my life". Dieser Text passt auf mich und Timo wie die berühmte Faust auf's Auge. Sicherlich werden das noch Millionen anderer Paare behaupten, wenn sie den Text dieses Liedes hören sollten. Der Text lässt sich sehr gut im positiven Sinne betrachten, aber gewiss auch ins negative übersetzen. Aber ganz unabhängig vom Text dieses Liedes, bringt mich die Melodie, die Notierung fast jedes mal zum weinen. Ich fühle dieses Lied richtig gehend. Aber so ging es mir mit Musik schon immer. Ich liebe sie einfach. Es gibt so viele Komponisten, Musiker und Bands, welche Lieder schreiben, die sich einfach fühlen lassen. Deshalb ist es für mich auch um so schlimmer, dass mein Gehör nicht mehr das ist, was es einmal war. Früher nahm ich einfach meine Gitarre und konnte Lieder nach Gehör einfach nachspielen. Heute kann ich das leider nicht mehr, weil mir gewisse Klangfacetten und Töne fehlen. Ohne Musik leben zu müssen, ist wie ein Leben ohne Liebe führen zu müssen. Möglich vielleicht schon, aber sicher nicht sinnvoll und einfach unendlich traurig und leer. Meine andere große Leidenschaft gehört dem Kraftsport, welcher mich schon seit meinem fünfzehnten Lebensjahr begleitet (leider immer wieder mit verletzungsbedingten Unterbrechungen, aber manchmal fehlte mir auch nur die Lust und der Antrieb). Ich habe es einfach geliebt, wenn sich durch das Training der Körper verändert hat. Ich habe dies einfach für mein Selbstwertgefühl gebraucht. Es gibt einem ein verdammt gutes Gefühl, wenn man Anerkennung für etwas bekommt, dass man so geformt und geschaffen hat. Es genügt schon, wenn man diese Anerkennung oder den Neid an den Blicken anderer Menschen spürt. Komischerweise habe ich aber immer nur diese körperlichen Ergebnisse durch den Einsatz von Steroiden erreichen können. Lange Zeit hatte ich es ohne diese Hilfsmittel versucht, aber dies war nie von Erfolg gekrönt. Durch den Einsatz von Steroiden fühlte ich mich einfach besser. Diese haben mir auch beruflich weitergeholfen, wenn es darum ging mich durchzusetzen. Durch diese Mittel war ich voller Energie und die Ergebnisse des Trainings waren spürbar. Ich hoffe nur, dass jetzt nicht wieder der selbe Horror auf mich zukommt wie damals, als ich schon einmal diese Mittel abgesetzt hatte. Ich durchlebte damals einen richtigen Entzug und mir ging es richtig dreckig. Trotz all dem werde ich nie die anerkennenden Blicke der Menschen auf Miami vergessen. Timo platzt bei so etwas immer vor Eifersucht. Ich weiß nicht woran das liegt, aber ich brauche diese Bestätigung einfach. Timo gibt mir diese Anerkennung eigentlich gar nicht, oder ich bin einfach blind dafür oder er hat eine Art dies zu zeigen, welche sich mir verschließt. Wenn einmal etwas von mir in der Öffentlichkeit erscheint, dann habe ich manchmal das Gefühl, dass er dies bewusst ignoriert. So komisch und seltsam dies auch klingen mag, ich weiß es ist „nur Facebook", aber einmal ein „like" oder ein „Kommentar" von meinem eigenen Freund zu erhalten, bedeutet mir tausend mal mehr als die ganzen anderen likes. Leider versteht er das aber nicht.

Körperlich bemerke ich allmählich, wie der Abbau seinen Lauf nimmt. Ich mache täglich meine zweihundert Liegestütze, zweihundert Sit-Ups und zweihundert Kniebeugen, was aber nicht viel bringen wird, erst recht nicht durch die Umstellung meiner Ernährung, welche hier zwangsweise stattfindet.
Im Moment und in den nächsten Monaten muss sich mein

Bruder Basti um die Geschäfte kümmern. Ich bin sehr froh und stolz darauf so einen Bruder zu haben und hoffe, dass er das alles schafft. Vielleicht sollte ich die Betriebe komplett an ihn abgeben? Ich weiß nicht, ob ich das alles, nach meiner Zeit hier drin, noch schaffen werde. Rückblickend habe ich ein Leben im Schnelldurchlauf gehabt und bin einfach kaputt, fertig und leer gebrannt. So lange irgendwie gesichert ist, dass meine Familie ihr auskommen hat........

Ich merke einfach, dass ich diese Ruhe brauche, auch um endlich einmal meine Vergangenheit aufzuarbeiten. Jeder in meiner Familie hatte sich damals professionelle Hilfe geholt, nur ich nicht. Ich bin all die Jahre auf einhundert zehn Prozent weitergelaufen. Selbst nach meiner Operation am Kopf vor drei Jahren, habe ich nach einer Rekordzeit von nur einer Woche wieder Vollgas gegeben. Ich war schon so oft auf der Kippe gestanden und habe trotzdem immer weiter und weiter gemacht, als wäre ich unverwundbar und unersetzlich. Es ist schon der Wahnsinn, was alles aus einem herausbricht so bald man zwangsweise ausgebremst wird und man zur Ruhe kommt.

Wollte ich mich wirklich umbringen? Von vielen wird mir unterstellt das ich damit um Hilfe rufen wollte oder ganz böse Zungen behaupten sogar, dass ich damit nur Aufmerksamkeit erregen wollte. Ich sage zu beiden Theorien eindeutig nein. Ich wollte und konnte wirklich nicht mehr. Jetzt sitze ich hier und werde von meiner

Vergangenheit, der Gegenwart und der unsäglichen Angst vor der Zukunft aufgefressen. Verdammte Sch.....! Warum habe ich mich auch in letzter Sekunde noch an Timo und Elli gewendet ?. Es war doch so einfach und ich hätte jetzt meine Ruhe und keine Ängste mehr. Ich wäre einfach leicht davon geglitten und das wäre es dann gewesen.

Zu früh in den Ozean des Lebens geworfen worden
Zu früh schwimmen lernen müssen
Zu früh sich selbst auf Kurs halten müssen
Zu früh und ständig für andere da gewesen

Aber wo war ich ?
Wann war jemand für mich da ?
Wer hat mir geholfen ?
Die Antwort lautet ICH!

In mir kocht so eine unbeschreibliche Wut auf Hubert Mauser und seinen Insolvenzverwalter, von welchem ich die Betriebe „Mauser" übernommen habe. Diese Kombination aus Verlogenheit und bewusster Täuschung ist für mich kaum noch auszuhalten. Ich hoffe und bete dafür das beide für ihr Verhalten noch zur Rechenschaft gezogen werden. Ich bin auch einmal gespannt wie Mauser reagiert, wenn er erfährt, dass ich gerade hier bin. Vielleicht bekomme ich ja dann auch einen seiner bekannten, verhöhnenden Briefe ? Ich hätte dies aber alles vorher schon wissen müssen, immerhin war er ja einer meiner größten Konkurrenten, aber ich habe mich in diese Sache zu arg hinein motivieren lassen. Als letztendlich klar wurde, dass diese Übernahme so nie hätte funktionieren können, war es schon zu spät. Aber hier habe ich mit aller Kraft, wenn es nicht sogar meine letzte Kraft war, so entgegen wirken können, dass ein relativ gutes weiterführen möglich sein kann. Ich hoffe nur, dass mein Bruder Basti dass alles schafft und nicht zu schludern beginnt.

Jetzt warte ich bereits den ganzen Nachmittag auf den Besuch meiner Kinder, bin total müde und erschöpft und habe eigentlich gar keine Kraft mehr für Besuch, aber ich werde das schon schaffen. Ich freue mich so sehr meine beiden Jungs wieder zu sehen. Allmählich erschleicht sich mir der Verdacht, dass ich nicht nur an schweren Depressionen leide, sondern das bei mir noch irgendeine Art Persönlichkeitsstörung eine Rolle spielen könnte. Ich kann momentan nichts mehr richtig einschätzen. Die kleinsten Dinge werden mir zu viel und ich fühle mich total überfordert.

Gerade waren Basti und sein Freund Luis und meine beiden Kinder zu Besuch hier. Ich habe mich sehr gefreut sie alle zu sehen. Ich habe allerdings nicht lange durchgehalten. Auch wenn ich nach außen hin versucht habe stark zu wirken, haben mich die Äußerungen und Witzeleien von meinem Sohn Manuel sehr verletzt. Ich denke aber einmal, dass er mit diesem Verhalten nur seine Sorge um mich überspielen wollte. Oder ist es ihm doch peinlich, dass sein Vater hier drin ist ? Hat er sich vielleicht gar für mich geschämt ? Ich weiß es nicht, ich weiß nur, dass mich das ziemlich stark runtergezogen hat.

27.07.2015

Ich hatte trotz Medikamenten wieder eine ziemliche schlaflose Nacht. Ich finde das Verhalten meines engen Freundes und Geschäftspartners Silvio schon sehr seltsam. Seit fast zehn Jahren haben wir eine geschäftliche Verbindung zu ihm, aus welcher, zumindest von meiner Seite her, eine Freundschaft gewachsen ist. Er gibt zwar auch vor ein Freund zu sein, aber ich bin mir da ganz und gar nicht mehr sicher. Zumindest regen mich einige Vorkommnisse zum Denken an. Silvio kann sehr gut reden und andere Menschen für sich einnehmen und überzeugen. Ein paar der Dinge, welche er jetzt getan hat finde ich nicht gerade sehr freundschaftlich. Warum hat er sofort nach meinen Suizidversuchen unseren Steuerberater und unseren Rechtsanwalt informiert und mischt sich plötzlich in engste Familienangelegenheiten ein ? Seit dem Tag, an welchem ich meinen Bruder Basti die Generalvollmacht für alle geschäftlichen Vorgänge erteilt und unterschrieben habe, hat sich Silvio mit keinem Wort mehr bei mir gemeldet. Ich stelle mir auch immer wieder die Frage was nur mit David los ist ? Bei mir selber meldet er sich fast überhaupt nicht, ruft aber des öfteren hier in der Klinik an, um sich über mich zu informieren. Irgendwie werde ich den Verdacht nicht los, dass er irgend etwas im Schilde führt. Würde ich ihn aber direkt darauf ansprechen, dann würde er mir dies mit Sicherheit verneinen. Nur mein Bauch sagt etwas anderes und auf mein Bauchgefühl konnte ich mich schon sehr oft verlassen. Wie schon so oft, wissen die anderen wahrscheinlich wieder mehr als ich selbst. Ich finde so etwas extrem traurig und schlimm. Nichts hasse ich mehr als Unwissenheit und Lügen. Was wäre, wenn er ausziehen würde ? Ich weiß es ehrlich gesagt nicht. Wahrscheinlich würde zunächst einmal die Welt für mich zusammenbrechen, da fünfzehn Jahre eine sehr lange Zeit sind und man sich doch an gewisse Dinge einfach gewöhnt hat, vor allem aber daran, dass ich von ihm eigentlich nur angelogen wurde und, was nicht weniger schlimm ist, auch noch bestohlen wurde. Wir haben in dieser Zeit sämtliche Höhen und Tiefen erlebt, welche man nur erleben kann. Mich frisst dieser Gedanke gerade auf, auch aus dem Grund heraus, weil David noch nie ein großer Freund der Wahrheit war. Vielleicht mache ich mir aber wieder einmal zu viele Gedanken, aber leider hatte ich schon zu oft Recht behalten. Seit dem ich hier bin, fühlt es sich so an, als wollen alle Gedanken und Erinnerungen aus meinem Kopf heraussprudeln, was für mich ein extrem anstrengender Zustand ist. Es fühlt sich so an, oder besser gesagt, man kann es damit vergleichen, als würde man eine Festplatte neu formatieren wollen, aber es funktioniert nicht. Bei mir kamen in den vergangenen Tagen Erinnerungen wieder zum Vorschein, welche ich über Jahre hinweg verdrängt habe. Dinge, über die ich nicht weiß, ob ich darüber überhaupt sprechen möchte, bzw. sprechen kann. Was mir hier wenigstens ein bisschen hilft sind meine

Sportübungen, welche ich täglich absolviere um nicht total einzurosten. Ich mache diese Übungen jeden Abend im Badezimmer. Ich kann diese nur im Badezimmer machen, weil mein Bettnachbar leider schon immer sehr früh zu Bett geht. Kaum ist das Abendessen um, begibt er sich in das Zimmer und ehe man sich versieht, liegt er um Punkt 19 Uhr auch schon im Bett. Ich möchte außerdem ein wenig Rücksicht auf ihn nehmen und möchte ihn natürlich nicht stören. Seit meinem, ich nenne es einmal „System-Shut-Down" bin ich mit allem überfordert. Ich denke im Moment ernsthaft darüber nach, ob ich durch unseren Rechtsanwalt nicht eine Betreuerschaft beantragen soll, welche dann mein Bruder Basti ausüben soll. Ich weiß nicht, ob es so etwas auch nur für einen bestimmten Zeitraum gibt oder ob das nur dauerhaft möglich ist. Mein Bruder wäre in so einem Fall die einzigste Person, welcher ich wirklich blind vertrauen schenken würde.

„Take care of me and my mind an carry me home one day in peace and freedom"

Schon irgendwie komisch! Timo macht sich Sorgen um mich und fragt mich immer direkt, wie es mir geht und sagt mir auch dementsprechend seine Meinung. Warum macht David das nicht genau so ? Stattdessen versucht er Informationen über mich bei den Krankenschwestern zu bekommen. Ich bin wirklich froh darüber, dass die Krankenschwestern keine Auskunft erteilen. Ich spiele gerade mit dem Gedanken meine Harley Davidson und meinen Mercedes SL zu verkaufen. Mir wird hier von Tag zu Tag immer klarer, dass ich diesen ganzen Materiellen Mist einfach nicht mehr brauche.

Was soll denn nun das von David auf einmal ? Ich würde von Scheidung reden ? Dies war doch ehr umgedreht der Fall. Er sagte doch dem gesamten Team in unserem Cafehaus, dass er die Scheidung einreicht, aber er kann dies gerne tun, dann erspare ich mir diesen Schritt, der mittlerweile unumgänglich ist. Ich liebe Timo und möchte ihn auch heiraten. Bei der Oberärztin hatte er den Eindruck erweckt, dass er ein Problem mit Timo habe. Warum um alles in der Welt schickt er dann Timo Nachrichten mit dem Inhalt „Danke, dass du da bist" oder warum gesteht er Timo Abends, dass er sich in ihn verliebt hätte ? Irgend etwas läuft hier ganz gewaltig schief. Ich habe zwar einem gemeinsamen Gesprächstermin zugestimmt, werde dies aber dennoch nicht tun. Ich weiß ja gar nicht mehr, wie ich mit dem Wahrheitsgehalt von Davids Aussagen klar kommen soll, bzw. was ich davon halten soll.

Klar streite ich sehr oft mit Timo. Warum ? Vielleicht weil er nicht der typische Ja-Sager ist ? Weil er ehrlich seine Meinung vertritt ? Ich finde das was David da tut absolut nicht in Ordnung. Es steht ja auch noch der Verdacht gegen ihn Raum, dass er verantwortlich für das verschwinden von insgesamt über zwanzig tausend Euro ist (aus den Einnahmen des Cafehauses). Ich weiß ihn momentan absolut nicht einzuschätzen. Warum kann er nicht einfach bei der Wahrheit bleiben ? Ich habe das

Gefühl, dass hier im Hintergrund wieder alle mehr wissen als ich. Allein aus dem Grund heraus bin ich froh gerade hier zu sein und nicht zu Hause. Er teilte der Oberärztin noch mit, dass ich ein sehr impulsiver Mensch sei. Eigentlich bin ich, nach meiner ehrlichen Selbsteinschätzung ehr ein explosiver und emotional reagierender Mensch. Dieses „Alles oder Nichts"stimmt in gewisser Hinsicht bei mir schon. Auf den folgenden Seiten beschreibe ich einfach einmal meine letzten beiden Urlaube. Es ist erschreckend was man alles im Alltag auf die Seite drängt.

31.01.2014 Meine Gedanken auf einer Kreuzfahrt

Was ist bloß los mit unserer Welt ? Es ist Montag, der 27.01.2014, 6.40 Uhr, die See ist relativ ruhig und eine ältere Dame joggt vergnügt über das Pooldeck. Ich stehe an der Reling, beobachte das Wasser und irgendwie überkommt mich das Gefühl von Scham. Gar nicht weit weg von hier leiden Menschen an Armut und Hunger und wir fahren hier in unserer arroganten Dekadenz über das Meer. Sind wir wirklich schon so weit gekommen, dass uns das Schicksal anderer völig kalt lässt ?

6.57 Uhr
Eine ganze Armee an asiatischen Arbeitern sorgt munter dafür, dass wir es stets sauber haben und lesen uns geduldig alle Wünsche von den Lippen ab, immer lächelnd, immer freundlich. Ich frage mich nach dem Schicksal dieser Menschen. Werden diese ausreichend

bezahlt ? Oder werden sie für unser Wohl ausgebeutet ? Der Herr, welcher unsere Kabine reinigst heißt „Judi Judi". Mich beschleicht bei dem Gedanken, dann mich diese paar Tage weniger Kosten, als „Judi" in einem Monat verdient, ein schlechtes Gewissen. Warum gehen alle über solche Dinge hinweg ?

14.02 Uhr
Sonnenschein, Wärme und ein Cocktail. Herrlich....anders lässt es sich nicht beschreiben. Seit Wochen fühle ich mich jetzt zum ersten mal frei von Sorgen und Gedanken, welche in die Richtung gehen: „Was wäre wenn und und und". Mir geht es gerade einfach nur gut. Das Leben kann manchmal so schön sein. Warum nicht immer ?

20. August 2014

Zum zweiten mal mit der AIDA unterwegs durchs schwarze Meer. Alles könnte so schön, so perfekt sein. Nur das mich diesmal die Traurigkeit voll im Griff hat. Dieses mal ist Timo dabei. Ich hatte mich auf einen wundervollen, harmonischen Urlaub an Bord gefreut. Nur leider rührt mich mein Freund nicht mal an. Auch seine ganze Art erscheint mir befremdlich. Fast schon so, als ob ich gar nicht mit Timo hier wäre, sondern mit einem ganz anderen Menschen.

Früh morgens, es ist Sonntag, 6.40 Uhr und ich sitze wiedermal alleine am Heck und trinke meinen Kaffee, genieße einen herrlichen Sonnenaufgang und darf den

Delphinen beim Schwimmen zusehen. Unsere „Mutter Natur" bietet uns so viel Schönheit und Anmut und wir Menschen treten es so unfair mit unseren Füßen. Ich hätte mich so gefreut, wenn ich diesen Anblick nicht immer alleine genießen müsste. „Tolles" Frühstück gehabt. Wenn der Mensch, den man liebt lieber Ausschau nach Delphinen hält als mit einem zusammen zu frühstücken. Wäre ich alleine frühstücken gegangen, dann wäre es das selbe gewesen, bzw. dann hätte ich mich nicht aufregen müssen. Aber ist schon ok, so langsam gewöhne ich mich an diese komische Situation, welche zwischen uns herrscht. Irgendwie fühlt fühlt sich das komisch an, wenn zwei Menschen die sich nahe stehen zusammen an der Bar sitzen wie zwei fremde Menschen. Es regt mich nicht auf, sondern macht mich traurig. Ich finde es zwar wundervoll und schön, dass er mitgefahren ist, aber diese spürbare Kälte ist für mich nicht sehr angenehm. Traurig finde ich auch, dass mein Sohn Malcolm lieber mit meinem Freund Timo über seine intimsten Dinge spricht, als mit mir, seinem Vater. Irgendwie macht das ganze Leben so keinen Spaß mehr. Aber ich muss und werde mich da schon auf meine Art durchbeißen, so wie ich es bisher schon mein ganzes Leben getan habe. Mal sehen, vielleicht lässt sich ja sogar die Idee meiner Bar irgendwann umsetzen. Man o Man. Ist das normal oder ehr nicht ? Ich beginne langsam eine richtige Mauer um mich herum zu errichten oder war diese schon immer da und ich habe es nie vorher bemerkt ? Menschen in meiner Gegenwart ertrage ich im Moment überhaupt nicht. Ich habe dann immer das Gefühl, dass sich alles in mir zusammenschnürt. Ich halte das langsam nicht mehr aus. Das wird mir zu viel. Ich sollte Urlaub machen um mich zu erholen, aber irgendwie wird alles nur noch schlimmer. Ich habe keine Kraft mehr für diese ständigen Achterbahnfahrten an welchen ich ja selber Schuld bin. Ich komme mir gerade in seiner Gegenwart einfach nur noch saublöd und überflüssig vor. Gerade mal geduldet, aber nicht geliebt. Innerlich halte ich das kaum noch aus. Die zwei harmonischen Wochen, die ich mir so sehr gewünscht habe, sind ehr zum Alptraum meiner Depressionen geworden. Eigentlich möchte ich nur noch nach Hause. Da hatte ich wenigstens durch die Arbeit genug Ablenkung. Was bringt einem das Leben noch, wenn man sich nicht einmal mehr am Urlaub erfreuen kann ? Der Partner, welchen man liebt, einen mehr oder weniger nur noch wie einen Bekannten behandelt ? Einfach aus diesem Leben ausbrechen und noch einmal komplett neu anfangen ? Ob das eine Lösung wäre ? Ich weiß es nicht. Im Moment ist alles nur noch grau und ich möchte einfach nur flüchten. Flüchten vor mir selbst, vor der Situation mit Timo, vor meinem ganzen Leben. Aber vielleicht sollte das alles ja so kommen. Ich verstehe nur den Grund noch nicht. Wie wird alles weitergehen ? Ich habe keine Ahnung. Es ist für mich, einem (manchmal leider) sehr sexuell geprägten Menschen sehr schwer mit der momentanen Situation klar zu kommen. Gerade dann, wenn man zusätzlich noch so extrem gedemütigt wird wie neulich. Es ist schon extrem hart für mich, wenn der Mensch, der mir einmal so Dinge erzählte wie :"der beste Sex der Welt", auf einmal so gut wie gar nichts mehr von mir möchte oder etwas intimes mit mir macht und dabei TV schaut und dabei lacht. Ich finde so etwas demütigt sehr und tut verdammt weh. Wenn die schönste und intimste Sache der Welt, bei welcher man sich voll und ganz auf sein Gegenüber einlässt und diesem Vertrauen schenkt, zu einer Nebensache verkommt, welche man halt mal eben so erledigt ist dies besonders schlimm. Ich glaube nicht, dass ich es momentan schaffen könnte meine errichtete Mauer einzureißen. Auch wenn ich dies noch sehr gerne möchte, ich schaffe es einfach nicht. Heute Morgen konnte ich den schönsten Sonnenaufgang seit Miami bewundern. Leider wieder allein. Aber vielleicht ist das ja auch ganz gut so. In solchen Momenten einfach nur die Stille und den Augenblick genießen und über das Leben nachdenken. Was hat sich das Schicksal für mich noch alles ausgedacht ? Ich weiß es nicht, denke aber, dass nichts grundlos geschieht und man aus der Situation etwas mitnehmen kann. Was aber lerne ich aus dieser Situation ? Keine Ahnung, aber vielleicht kommt diese Erkenntnis ja noch ? Werde ich den schmalen Grat zwischen Leben und ... noch so durchstehen ? Dies sind Gedanken, welche ich schon jahrelang nicht mehr hatte, welche mich wirklich beunruhigen. Dabei möchte ich noch so viel in meinem Leben erreichen. Beruflich, sowie privat. Auch sportlich möchte ich wieder auf „meiner alten Welle" fahren. So vieles, so gern, aber wenn es nicht sein soll, dann ist es eben so. Ist schon komisch. Ich kann momentan nicht mal mehr weinen. Bis vor Kurzem hat mir weinen teilweise sogar geholfen, bzw. hat mir geholfen mein Inneres zu reinigen, aber nicht einmal das funktioniert mehr. Das einzigste was funktioniert ist Musik. Es war schon immer so, dass die Musik mein bester Begleiter durch sämtliche Lebenslagen war. Einfach nur zuhören, Texte analysieren, die Notierung auseinander pflücken und einfach genießen. Ich liebe ihn wirklich aus tiefstem Herzen. Vielleicht erinnert er sich ja später daran, vielleicht dann, wenn es mich mal nicht mehr gibt. Und wieder ein wundervoller Sonnenaufgang beim durchqueren der Bosporus-Passage. Wieder allein. Es tut schon weh, die ganzen Ehepaare hier neben mir zu sehen, wie sie sich an sich kuscheln und gemeinsam den Sonnenaufgang genießen.

27.07.2015

Der Tag war heute, durch die fast schlaflose Nacht davor, extrem anstrengend. Mama, Timo und David waren am späten Nachmittag zu Besuch. Ich habe mich sehr darüber gefreut, dass sie hier waren. Was mich besonders gefreut hat, ist, dass zwischen David und Timo anscheinend im Moment eine richtige Harmonie herrscht. Heute Vormittag, in der Chefarzt-Visite, habe ich ein neues Medikament für die Nacht verordnet bekommen. Ich hoffe sehr, dass dies die gewünschte Wirkung zeigt, so dass ich endlich einmal eine Nacht durchschlafen kann. Außerdem hatte ich heute noch mein wöchentliches Vier-Augen-Gespräch mit meiner Bezugsschwester, so nennen die das hier. Eine Schwester ist für einen Patienten fester Ansprechpartner. Ich finde diese Idee richtig gut und so verlief auch das heutige Gespräch sehr zufriedenstellend. Mir wurde lediglich offenbart, dass ich hier wohl noch eine Weile sein werde. Ich wünsche mir für mich selber, dass ich mich hier auf die Behandlungen einlassen kann und das mir geholfen wird.

28.07.2015

Ich habe diese Nacht wieder nur etwas über zwei Stunden geschlafen. Dieser Zustand wird langsam extrem anstrengend für mich und meinen Körper. Noch dazu kam jetzt ein Streit zwischen mir und Timo. Ich hatte ihm gestern, ehr unfreiwillig, mitgeteilt, dass ich David nicht fallen lassen kann. Klar, so wie sich David das letzte dreiviertel Jahr verhalten hat, dachte ich, das zwischen mir und David der Ofen sprichwörtlich aus ist. Ich hatte es eigentlich nur noch als Zweckgemeinschaft erlebt. Aber nach dem er mit meiner Oberärztin gesprochen hatte, scheint von Seite aus doch noch mehr an Gefühlen für mich vorhanden zu sein, als er nach Außen hin vorgegeben hat. Das macht mich gerade total irre, oder ist dies nur eines seiner Spielchen, um mir den Rest zu geben ? Ich weiß in diesem Punkt echt nicht mehr weiter. Ich möchte keinen von beiden in meinem Leben missen. Aber wie soll das alles weitergehen ? Bis gestern Nachmittag dachte ich: alles Friede, Freude, Eierkuchen. Mir stellte mal jemand die Frage, was mich bei Timo so reizen würde ? Bei Timo ist es halt die perfekte Mischung, welche ich immer in meinem Leben gesucht habe. Männlich, mit sehr femininen Zügen und vor allem ist er kein Ja-Sager. Mit Timo habe ich außerdem schon immer ganz anders und offener reden können.

Ich weiß diese ganze Situation im Moment einfach nicht zu regeln, dafür ist auch außerdem schon zu vieles vorgefallen. Vielleicht sollte ich beide frei geben und noch einmal ganz von vorne beginnen ? Ist gerade mal wieder Achterbahn hoch zehn in meinem Kopf. Ich weiß, dass viele Timo lieber von hinten sehen, aber nicht er war der Eindringling. Ich war es, der Timo ganz bewusst in mein Leben gelassen hat. Ich hätte mir so sehr endlich eine harmonische Beziehung gewünscht, aber anscheinend möchte oder kann mir das niemand gönnen. Naja, jetzt steh ich hier und weiß wieder einmal nicht wie ich und was ich noch tun könnte, um hier das Ruder herum zu reißen. Ich kann, möchte und werde keinen von beiden zu etwas zwingen. Dies habe ich heute Nacht auch schon versucht Timo zu sagen. Aber zu diesem Thema hat er seine eigene Meinung, von der er auch keinen Millimeter abweicht. Er möchte es halt nicht so, wie ich es mir gewünscht hätte und basta. Ich kann dies aus seiner Sicht heraus schon ein wenig verstehen. Ich kann und möchte da aber auch keine Entscheidung treffen müssen. Gott, kann mir das nicht irgendjemand abnehmen ? Wenn es rein nur um das Gefühl geht, so stehe ich zu eintausend Prozent bei Timo. Mit David konnte ich nie richtig kuscheln oder eine ernstzunehmende Unterhaltung führen oder gar über Probleme sprechen. Oder hat man sich nach fünfzehn Jahren zusammenleben und zusammen arbeiten einfach so aneinander gewöhnt, dass man viele Dinge einfach nicht wahrhaben möchte ? Gute Frage, vielleicht kenne ich die Antwort ja schon, aber verdränge diese einfach noch zu arg. Vorerst hat sich das Thema Beziehung für mich erledigt. Ich habe heute beide darum gebeten mich aus ihren Leben zu streichen. Ich habe den ganzen Tag darüber nachgedacht, aber ich kann mich definitiv nicht entschieden. Auch wenn z.b. vieles gegen David spricht, dennoch sind fünfzehn Jahre eine lange Zeit, außerdem fühle ich mich ihm gegenüber moralisch verpflichtet (bedingt durch seine Krankheit, die Diabetes Typ I, etc.).

Gerade im Moment fühlt sich alles so surreal für mich an. In manchen Momenten, eigentlich zur Zeit sehr oft, möchte ich einfach einmal meinen Kopf ausschalten können....über nichts nachdenken müssen, über nichts ständig nach grübeln müssen. Ich verstehe es einfach nicht warum mein Leben so einen Verlauf genommen hat. Manchmal sage ich mir: „Ok, das bist halt einfach du, aber sehr oft wünsche ich mir, dass mein Leben einfach nur einen normalen Verlauf, wie bei jedem anderen auch, genommen hätte". In meinem Leben gab es eigentlich immer nur das Extreme, kein mittendrin, kein „normal", sondern immer nur einhundertfünfzig Prozent geben müssen, „alles oder nicht´s". Aber es gibt durchaus auch eine andere Seite in mir, welche sich in Zurückgezogenheit, Nachdenklichkeit und sehr Menschenscheu zeigt. Gerade der Punkt „Menschenscheu" macht mir sehr zu schaffen. Um so mehr Menschen sich in meinem Umfeld gleichzeitig befinden, um so schlimmer wird es für mich. Ich ertrage das einfach nicht und mir wird dies binnen kürzester Zeit zu viel. Als ich in meinem Betrieb noch alles alleine machen musste, waren die schlimmsten Momente für mich, wenn Angehörige den ersten Kontakt zu mir suchten. Danach war das dann kein Problem mehr, wenn ich diese Menschen erst einmal gekannt habe, aber der Erstkontakt war für mich immer der blanke Horror.

Warum hatte ich keine normale Kindheit und keine normale Jugend ? Mein Leben lang war ich immer nur für andere und meine Familie da. Klar, meine Familie war auch immer für mich da, aber hat sich hieraus vielleicht eine Abhängigkeit ergeben, mit welcher ich heute nicht mehr klar komme ? Immer nur Extreme. Auch bei David. Als ich David kennengelernt habe, hatten wir beide eine feste Beziehungen zu einem anderen Partner, welche wir dann quasi über Nacht verlassen hatten. Ich lernte ihn kennen, als er noch an einer Tankstelle arbeitete. Ich hatte damals Nachts Bereitschaftsdienst und wollte mir eigentlich nur einen Kaffee holen. Einen Monat später hat er mir dann schon einen Heiratsantrag gemacht....the rest is history.

Timo habe ich über ein Chatportal kennengelernt, aber mich nie weiter mit ihm befasst. Streng genommen bin ich ihm sogar für einen sehr langen Zeitraum aus dem Weg gegangen, bis wir uns bei Facebook angefreundet hatten und dann ein Treffen bei einer Rosenmontags-Party in einer Szenedisko ausgemacht hatten. Hier hat es bei mir eigentlich sofort klick gemacht. Die ersten Monate in unserer Beziehung war ich sehr oft über Nacht bei ihm zu Hause, bis hin zu unserem ersten gemeinsamen Urlaub auf Miami. Hier begannen dann meine großen Probleme mit dem Steroid-Entzug. David hatte damals Timo den Vorschlag gemacht bei uns einzuziehen. Ich hatte damals alles mögliche in meinem Körper hineingestopft: Testosteron, Trenbolone, Clenbuterol und Schilddrüsenhormone. Dies war eine sehr schlimme Zeit für mich und ganz gewiss auch für die Menschen in meinem Umfeld. Ich würde diese Zeit gerne Rückgängig machen.

Ich war gerade auf dem Balkon gesessen und habe mir etwas von BB-King angehört. Wie gerne hätte ich jetzt meine Gitarre in den Händen gehabt. Ich habe gerade meinen beiden Söhnen eine Kurznachricht gesendet, dass ich sie lieb habe. Ich bete zu Gott, dass keiner meiner beiden Söhne je das selbe in seinem Leben durchmachen muss, wie ich. Die beiden haben es auch so schon nicht gerade einfach. Manuel wird von Marina immer bevorzugt und sie lässt ihm alles ohne einen Hauch von Konsequenzen durchgehen und bei Malcolm, der ja eh schon so sensibel ist, ist sie meiner Meinung nach zu ruppig. Manuel habe ich heute noch geschrieben, dass ich wahrscheinlich noch den gesamten August hier verbringen muss. Die einzigste Antwort, welche von ihm kam war „aber da sind ja noch Sommerferien". Stimmt schon, ich hätte auch viel lieber etwas mit meinen beiden Jungs unternommen, aber meine Zeit hier drin hat jetzt nun einmal Vorrang. Ich hoffe nur, dass David und Timo hier morgen nicht auf der Matte stehen, dies halt ich nervlich einfach nicht aus. Das wäre dann eindeutig zu viel für mich. Gefühlstechnisch halte ich diesen Abstand, welchen ich geschaffen habe, sehr gut aus und bin auch der Meinung, dass dies mir auch einmal ganz gut tut. Mal sehen, wie der Kontakt zu beiden in den kommenden Tagen laufen wird. Ich weiß nicht, ob sie sich melden und wenn ja, wie ich dann darauf reagieren soll. Dieses ganze Beziehungs-Hin-und-Her macht mich noch total wahnsinnig. Naja, immerhin sitz ich dafür ja gleich hier in der richtigen Einrichtung. Die letzten Nachrichten von Timo habe ich schlichtweg ignoriert. David hat sich bei mir überhaupt nicht mehr gemeldet, was mir insgeheim aber auch nicht passt. Ich habe aber zum jetzigen Zeitpunkt keine Ahnung wie er reagieren wird ? Vielleicht wie er es schon bei unserem Personal angekündigt hat ? Das er zum Anwalt geht ? Ich habe keinen blassen Schimmer. Wenn ich doch nur das Grübeln etwas einstellen könnte.

29.07.2015

Die ganz alltäglichen Prozeduren wie Blutabnahme und Medikamenteneinnahme habe ich diesen Morgen schon hinter mich gebracht. Ich bin mal gespannt, was dieser Tag so bringt. Ich freue mich darauf, dass mich heute wieder mein Bruder Basti besuchen kommt. Ansonsten hoffe ich eigentlich, dass ich heute meine Ruhe haben werde. Im Moment ist Ruhe das einzige was ich möchte. Als Cornelia gestern Abend sagte, dass sie in der Stadt einen Leichenwagen am Friedhof gesehen hat, wurde mir richtiggehend schlecht. Ich glaube wirklich, dass ich meinen Beruf nicht mehr ausüben kann. David hat gestern einmal versucht mit mir zu schreiben, aber ich habe seinen Versuch erst einmal abgeblockt. Mal sehen wie das weitergeht ? Ich glaube manchmal, dass die beiden mich in keinster Weise für Ernst nehmen. Ich habe mich heute dazu entschlossen, wenn ich es schaffe die Voraussetzungen dafür zu schaffen, mit meinem Leben noch einmal komplett von vorne zu beginnen. Heute, um elf Uhr, habe ich meinen ersten Termin bei der Psychologin zur Psychotherapie. Auf diesen Termin bin ich richtig gespannt. Für morgen hat sich Maria angekündigt. Eine ganz liebe Freundin von mir aus vergangenen Tagen. Ich freue mich riesig sie zu sehen, allerdings wären mir andere Umstände hierfür lieber. Jetzt habe ich gerade die erste Sitzung Psychotherapie hinter mich gebracht. Die Psychologin ist sehr nett und sehr vertrauenswürdig. Uns sie hat recht. Sie verdammt noch mal recht. Wären ich und mein Bruder Basti es für unseren Vater nicht wert gewesen um sein eigenes Leben zu kämpfen ? Wir beide hätten unseren Vater noch in so vielen Situationen brauchen können, aber er war nicht mehr da. Er hat nicht nur sich, sondern gleichzeitig auch uns aufgegeben. Wann war denn einmal jemand für mich da, wenn es mir schlecht ging ? Kann es vielleicht auch sein, dass ich in meiner Kindheit und in meiner Jugend selber viel zu streng zu mir selber war ? Ich fühle mich gerade total kaputt. Vorhin war Basti endlich hier und hat mir Zigaretten mitgebracht. Ich habe im Moment noch nicht einmal genug Antrieb, um mir ein paar Zigaretten unten vom Kiosk zu kaufen. Basti und Luis haben mir auch gleich frische Kleidung mitgebracht. Endlich ! Tagsüber habe ich das Gefühl, dass durch mein neues Medikament

(Cipralex) alles etwas einfacher wird, bzw. meine Gefühlslage viel besser ist als sonst. Was David und Timo angeht bin ich allerdings noch immer ratlos. Gibt es denn hier keine Möglich einen Kompromiss zu finden ? Ich kann mich einfach nicht entscheiden. Mein Zimmerkollege ist zwar wirklich nett und eine sehr ruhige Person, aber er wird mir wirklich allmählich zu viel. Er sitzt den ganzen lieben Tag immer nur auf seinem Stuhl und starrt die Wand an. Am Abend geht er direkt nach dem Abendessen in sein Bett. Ich habe hier auf unserem Zimmer kein kleines bisschen Privatsphäre. Meine Sportübungen mache ich am Abend immer Badezimmer und das so leise wie es mir nur möglich ist. Ansonsten kann ich mich fast nur außerhalb unseres Zimmers frei bewegen. Das nervt einfach unbeschreiblich. Mal schaun, wie lange das noch so weitergeht. Am kommenden Wochenende würde ich sehr gerne einmal mit Basti, Luis und meinen beiden Söhnen in die Stadt zum Sushi-Essen gehen. Wäre schön, wenn dies klappen würde. Ich habe wirklich auch wahnsinnige Angst davor, dass mich Timo oder David betrügen könnten, während ich hier bin. Allein schon der Gedanke macht mich wahnsinnig und lässt mir jedes mal eine richtige Gänsehaut an meinem ganzen Körper spüren. Jetzt habe Ich gerade im Moment erfahron, dass Timo in den nun beginnenden Sommerferien wieder zu seinen Eltern nach Hause geht. Dies schürt meine unsägliche Angst vor dem Betrogen-Werden noch mehr an. Ich ertrage diese Gedanken nicht.

30.07.2015

Heute Morgen wurde mir als erstes gleich der Blutzuckerspiegel gemessen, nachdem ich mit diesem in den vergangenen Tagen immer wieder Probleme hatte. Die Messung war aber Gott sei es gedankt vollkommen in Ordnung. Beim Frühstück hat einer unserer Mitpatienten wieder einmal wahnsinnig genervt. Dieser Mann ist um die sechzig Jahre alt und hat an allem etwas auszusetzen, was er dann selbstverständlich auch immer lautstark alle anwesenden wissen lässt. Ich finde dies nicht nur extrem nervend, sondern auch schlimm, denn eigentlich kann er einem schon fast ein wenig leid tun. Gerade habe ich die Sachen ausgepackt, welche mir Basti und Luis mitgebracht haben. Ich habe mich sehr darüber gefreut. Unter anderem haben mir die beiden nagelneue Poloshirts und kurze Hosen in modischen Farben mitgebracht. Und nachdem ich einmal erwähnt hatte, wie sehr mir die neuen Schuhe von Luis gefallen, haben die beiden mir diese auch kurzerhand gekauft. Wie geil ist das denn bitte ? Heute scheint es so, als würde sich das Wetter wieder bessern. Über ein wenig mehr Sonnenschein würde ich mich wirklich nicht beklagen. Ab elf Uhr findet heute die normale Arztvisite statt. Vielleicht sollte ich dort einmal ansprechen, dass ich seit gestern, hauptsächlich tagsüber, so unruhig geworden bin. Gleich verhält es sich nach der Einnahme meiner Nacht-Medikation. Heute Abend kommt endlich Maria zu Besuch. Elli hat gestern Abend wieder einmal fürchterlich gebohrt. Ihre Art kann einen manchmal sehr belasten. Mir wurde das dann ab einem gewissen Punkt dermaßen zu viel, dass ich dann einfach nicht mehr geantwortet habe. Irgendwie fühle ich mich gerade gar nicht gut. Es fühlt sich so an, als würde mein Kopf jeden Moment vor lauter Gedanken zerspringen. Das pocht und hämmert alles von innen gegen meine Schädeldecke. Könnte einmal bitte jemand diesen Hammer und Amboss aus meinem Kopf herausnehmen ? Ich halte das nicht mehr aus. Ich denke immer noch über die Situationen „Michael und Papa" und „David und Timo" nach. Ist doch alles Mist. Innerlich wandel ich gerade auf dem schmalen Grat zwischen „ich muss heulen" und plötzlich aufkommender Aggression. Ich hasse diese Gefühlslage. Vielleicht wird das ja nach dem Mittagessen besser. Wer weiß das schon. Ich werde mein Trainingspensum (wenn man dies hier noch so nennen kann) jetzt auf zwei Einheiten pro Tag erhöhen. Ich höre gerade Biffy Clyro. Ein begnadeter Musiker. Gerade fühlt es sich für mich so an, als würde ich es hier nicht mehr lange aushalten können, aber ein Abbrechen kommt für mich absolut nicht in Frage. Es muss einfach etwas mit mir und mit meinem Leben geschehen. Am meisten bin ich darauf gespannt, wie sich alles in der Zeit „danach" entwickeln wird. Privat ? Beruflich ? Vielleicht sollte ich mich wirklich beruflich einfach verändern, obwohl mir jegliche Gedanke an Arbeit sehr schwer fällt. Mental geht es mir gerade so schlecht, wie schon lange zuvor nicht mehr. Ich kann nicht beschreiben, was ich gerade fühle, aber es fühlt sich schlecht an. So schlecht wie ein schlechter Traum, von welchem man schweißgebadet aufwacht. Man, was soll das ? Draußen scheint die Sonne und es wird wieder warm und ich ? Ich sitze hier auf meinem Bett und geh vor die Hunde.

„Can you feel the pain inside me?
I can´t break free
I want to see the light again".

Draußen scheint zwar die Sonne, aber in mir scheint heute alles grau und dunkel zu sein. Brauche ich Hilfe, oder schaffe ich diesen Tag alleine ? Abwarten und erst mal eine rauchen gehen.

I can´t see the light in youre eyes anymore
the shine of youre soul is gone
i wanne see you smile again
set me free, heal my soul.

Ich möchte nur einmal den Optimismus von David haben. Auf die Frage von mir, wie einmal alles mit ihm und Timo weitergehen soll, kam als Antwort: „Das bekommen wir schon irgendwie hin". Ich glaube da schon lange nicht mehr dran. Aber in dieser Situation zieht dann David eindeutig den Kürzeren, da mein Herz für Timo schlägt. Mir geht es lediglich darum, dass wir eine Lösung für unser wohnungstechnisches Problem finden müssen. Heute habe ich zu nichts Lust. Entweder liege ich die ganze Zeit nur auf meinem Bett herum, oder ich bin auf dem Balkon und rauche eine Zigarette nach der anderen. Diesen Tag kann man wirklich nur noch als schrecklich bezeichnen. Ich kommen immer mehr zu dem Ergebnis, dass auf Dauer mir weder Timo noch David gut tun werden. Allein schon, dass von mir verlangt wird, eine Entscheidung zu treffen, belastet mich nervlich extrem. Jetzt werde ich erst mal (schon) wieder eine rauchen gehen und danach muss wieder mein Blutzuckerwert gemessen werden bevor es dann zum Abendessen geht. Ich hoffe, dass ich heute Nacht endlich einmal besser schlafen kann. Diese ständigen Wachphasen machen mich noch kaputt. Tagsüber kann ich kaum noch aus den Augen schauen und Abends bin ich dann fit wie ein Turnschuh. Das soll mal noch irgendjemand verstehen.

31.07.2015

Irgendwie fühle ich mich seit dem gestrigen Tag nur noch down. Ich denke, dass dies von der drückenden Stimmung zwischen mir, Timo und David liegt. Wenn doch wenigstens einmal eines nach dem anderen kommen würde, aber nein, wie immer kommt alles geballt auf einmal. Aber ich bin ja selbst Schuld an der gesamten Situation. Dieses ständige Grübeln macht mich total fertig. Kann man das Gehirn nicht einfach irgendwie stoppen oder ausschalten ?

Take care of the one that you love.
Baby i´m leaving here.
You need to be with somebody else.
I can´t stop bleeding here.
Can you suture my wounds ? (Biffy Clyro)

Gerade bin ich von der Visite gekommen. Heute verlief dort mal wieder alles gut. Der Professor und die Ärzte sind wirklich sehr nett und gehen auch auf die eigenen Wünsche und Bedürfnisse ein. Mal sehen, wie der Rest vom Wochenende so verläuft. Bekomme ich Besuch ? Wird es mir wieder zu viel ?

Heute kommt Basti noch vorbei und holt den Koffer mit der schmutzigen Wäsche ab. Diese Wäsche ist genau so schmutzig, wie ich mich zur Zeit durch meine Gedanken fühle. Gerade war Basti da und hat mir neben Zigaretten auch noch einen schönen ZIP-Hoodie vorbeigebracht. Damit wäre ich zumindest was die Zigaretten angeht erst einmal versorgt. Was mir aber überhaupt nicht passt, ist die Tatsache, dass Timo heute nach Hause zu seinen Eltern fährt. Ausgerechnet jetzt ist ja auch noch der Christopher-Street-Day in Würzburg. Ob das gut geht ? Ich würde ihm so gerne vertrauen, aber ich es einfach nicht. Habe ich überhaupt einen Grund ihm zu Misstrauen ? Ich hoffe nicht, aber allein schon der Gedanke daran, dass er etwas mit einem anderen Mann haben könnte, lässt mich schier verrückt werden. Heute war dann noch, mehr oder weniger überraschend, Timo zu Besuch. Irgendwie habe ich mich total gefreut ihn zu sehen. Sein Geruch, seine Umarmung, einfach seine ganze Erscheinung. Die Gedanken, dass er jetzt nicht „zu Hause" ist, sondern bei seinen Eltern, macht mich innerlich schon etwas unruhig. Kann ich ihm vertrauen ? Ich hoffe und wünsche es mir so sehr. Diese Situation ist gerade nur sehr schwer erträglich für mich. Ich sollte mir aber dennoch Mühe geben , dass dies nicht zu meinem

Thema Nummer eins hier wird. Ich denke ich habe genug Baustellen zu bewältigen. Ich hoffe wirklich, dass Basti mit allem klar kommt und das er die Arbeiten so aufteilt, dass es ihm nicht zu viel wird. Was mich allerdings stark verwundert in der letzten Zeit ist, dass sich meine Mutter so zurückhält. Normalerweise ist sie die absolute Übermutter und meistens überängstlich, wenn es um ihre Kinder geht. Ich finde diese Situation aber im Moment ganz gut so. Einfach mal etwas Abstand zu allem zu bekommen tut mir unwahrscheinlich gut. Die Idee von Basti, dass ich mir mit Timo evtl. eine Wohnung nehme und dann einmal ein paar Tage dort verbringe und den Rest der Woche dann „zu Hause" verbringen soll, finde ich persönlich nicht gut. So werde ich wieder diesem „Pendel-Stress" ausgesetzt, welcher mich am Anfang der Beziehung doch etwas belastet hat. Irgend einen Kompromiss muss ich für diese Situation noch finden. Auf jeden Fall ist dies einer meiner größten Wünsche. Die Idee, den Dachboden meines Hauses auszubauen, hatte ich schon oft, aber bei der Größe wird dies sehr teuer. Zu teuer.

Den Krankenschwestern war es nicht so recht, dass Timo heute hier war. Ich bin wirklich mal gespannt, was die nächsten Wochen bringen werden. Was mich etwas beunruhigt ist die Tatsache, dass es doch recht viele Menschen gibt, die nach ihrer Entlassung relativ schnell wiederholt hier landen. Ich hoffe nicht, dass dies bei mir der Fall sein wird. Im Moment tut mir die Ruhe einfach unendlich gut, wenn nicht die ewige Grübelei wäre, aber wird schon noch werden. Ich denke mal, mit den richtigen Gesprächen und den passenden Medikamenten werde ich das alles ganz gut in den Griff bekommen. Jetzt ist wieder so ein Moment, in welchem ich gerne meine Gitarre bei mir hätte. Ich habe einfach Spaß am spielen und lernen. Ich werde das in einer meiner nächsten Sitzungen einfach einmal ansprechen, ob und unter welchen Voraussetzungen ich meine Gitarre hier haben darf.

„Der Abwesende bewegt sich jeden Tag weiter und weiter fort"

Guter Spruch. Ich hoffe nur, dass der weder auf mich, noch meine Familie, noch auf Timo zutrifft. Ich finde die Distanz, welche ich momentan aufgebaut habe, aber doch einmal ganz gut, auch für die anderen. Ich war in der letzten Zeit sicherlich auch nicht gerade die Person, welche am einfachsten zu nehmen war. Auf die Zeit „danach" bin ich extrem gespannt. Wird es gut gehen ? Wenn ja, wie lange ? Fragen über Fragen durchfluten diesbezüglich meinen Kopf. Die Antworten darauf kann ich mir natürlich noch nicht geben, aber ich kann mir in etwa ausmalen, wie ich mir meine persönliche Zeit „danach" vorstelle. Gedanklich fühlt sich das an, als wäre ich ein kleines Kind, welches gerade kurz davor ist, seine Geschenke auszupacken, welches es von seinen Eltern zum Geburtstag bekommen hat.

Man geht zusammen ein Stück
Ein Stück des Lebensweges
Doch dann blickt man zurück
Und sucht die Hand vergebens
Verzweifelt suchst du weiter
In Traurigkeit und Hast
Findest nichts, beginnst zu scheitern
Weil du dein Herz verloren hast
Und noch ehe du es richtig merkst
Hast du dich schon verlaufen
Der Lebensweg sich dir versperrt
die Uhr ist abgelaufen.

1.8.2015

Heute bin ich um kurz vor sieben Uhr aufgestanden. Diese ständige Schlaflosigkeit macht mich total fertig. Präzise wie ein Uhrwerk werde ich in regelmäßigen Abständen immer um die selben Uhrzeiten wach, ziehe mich an, geh auf den Balkon eine rauchen, um dann gleich wieder ins Bett zu gehen. Ich hoffe darauf, dass meine Stimmung endlich bald mal etwas besser wird. Dieses ewige Grübeln und diese ständige Müdigkeit sind sehr kräftezehrend. Ich habe nun fast den gesamten Vormittag noch geschlafen und bin trotzdem noch total müde; ich fühle mich sprichwörtlich wie von einem LKW überrollt. Ich habe gerade im Badezimmer, um meinen Kreislauf etwas in Schwung zu bekommen, meine Sportübungen im Schnelldurchlauf gemacht. Vorhin, als ich zum Rauchen draußen war, hat es auf dem Balkon einen ziemlich heftigen Streit zwischen der Neuen und unserem „alten Dauer-Meckerer" gegeben. Naja, er ist aber auch eine sehr schwierige Person. Er meckert und motzt wirklich an allem herum; dies beginnt früh morgens und endet stets erst am Abend. Ich werde mich nach dem Mittagessen nochmal ein wenig hinlegen, ich fühle mich einfach zu schwach. Eigentlich wollte ich dann nochmal in die Stadt gehen. Habe mich auch extra dafür etwas herausgeputzt. Und nun ? Nun hock ich wieder total lustlos auf meinem Bett herum. Es ist und wird einfach nicht einfacher, wenn ich doch wenigstens ein paar positive Gedanken hätte aber ich bin nur noch am Grübeln, in einer Tour. Warum verdammt noch mal gibt es keinen Ein-/Aus-Schalter für den Kopf. Dieses hämmern der Gedanken macht mich noch verrückt. Als mir Timo vorhin sagte, dass er die Sauna seines Vaters gerade ausräumen würde, habe ich sofort wieder komische Gedanken bekommen. Diese gingen in die Richtung, dass er mich dort mit einem anderen Mann betrügen könnte. Oh Gott, bitte lass Timo treu sein. Ich liebe diesen Menschen wirklich aus tiefstem Herzen und kann mir ein Leben ohne ihn nicht mehr im geringsten Vorstellen. Dieser Tag wird und wird einfach nicht besser. Hier kommt das Sprichwort „An einem solchem Tag bleibt man besser im Bett" eine Ernsthaftigkeit, welche mir Angst einjagt. Ich habe fast den gesamten Tag im Bett verbracht und wenn ich mal selbiges verlassen habe, dann nur um auf dem Balkon eine Zigarette zu rauchen. Aber selbst meine kurzen Aufenthalte auf dem Balkon verliefen ehr apathisch. Ich werde gleich noch einmal eine rauchen gehen, danach sind meine Sportübungen dran, dann die Medikamente. Dieser Tag ist dann, Gott sei es gedankt, auch vorbei. Timo hat gerade sein Handy ausgeschaltet. Was hat dies nun zu bedeuten? Momentan ist es so, dass ich Timo viel mehr vermisse als David. David meldet sich nicht mal von sich aus. Meine Kinder melden sich leider auch so gut wie gar nicht bei mir, was mir fast das Herz aus dem Brustkorb herausreißt. Schämen sich die beiden denn so sehr für mich? In mir schwelgt eine riesengroße Angst vor dem, wie sich alles entwickeln wird. Heute ist so ein Tag, an welchem ich bereue, dass meine beiden Suizidversuche nicht geklappt haben; dann hätte ich wenigstens Ruhe und Frieden und mein Kopf würde nicht die ganze Zeit wie verrückt arbeiten. Nächste Woche haben meine Jungs aus Erlangen mit der NEW wieder einen Event. Der erste Event seit einer langen Zeit, bei dem ich nicht dabei bin. Dies ist für mich sehr schwer zu ertragen. Vor allem, weil ich weiß, dass meine Rolle vor dem Publikum von einem anderen eingenommen wird. Dann habe ich heute über Facebook erfahren, dass mein Bruder in unserem Cafehaus den Preis für das Frühstücks-Buffet gesenkt hat. Ob das wohl gut gehen wird? Gedanken über Gedanken. Das kostet mich hier fast mehr Kraft als Draußen. Von hier aus ist es mir in keinster Weise möglich einzugreifen. Ich hoffe, dass ich hier mein Leben so schnell es geht in den Griff bekommen kann. Was ist nur mit David los? Meine Nachrichten ignoriert er weitgehend, ist aber meist bis spät in die Nacht mit seinem Handy online. Ich ertrage ja wirklich sehr viel, aber was ich überhaupt nicht aushalte, ist diese Ungewissheit. Dieses

Gefühl zerfrisst mein Inneres wie ein Hund, der seinen Knochen Stück um Stück abnagt bis er an seinem Ziel, dem Knochenmark angekommen ist. Dann soll er mir doch einfach sagen, was Sache ist. Das würde ich tausend mal besser ertragen als dieses ignorante Verhalten welches er an den Tag legt. Jetzt haben wir schon wieder vier Uhr morgens.

2.8.2015

Es ist Sonntag. Irgendwie ist dieser Tag auch nicht besser als der gestrige. Mein Misstrauen gegenüber David wächst von Tag zu Tag immer mehr, wie ein Geschwür, welches sich bösartig ausbreitet. Vielleicht tue ich ihm damit unrecht ? Ich weiß es nicht. Meine Stimmung schwankt in den letzten Tagen von zu Tode betrübt bis zu aggressiv. Ich kann mir das nicht erklären. Ich kann auch nach wie vor nicht mit dem Grübeln aufhören. Das ist wie ein Wurm, der sich durch mein Gehirn frisst und all meine Gedanken durcheinander bringt. Janina, eine neue Mitpatientin, geht mir ganz gehörig auf die Nerven. Sie lacht sich über jeden noch so unwichtigen Scheiß kaputt und schon so einen unheimlichen, undurchsichtigen Blick. Mit meinem Zimmerkollegen ist es immer noch das selbe: sitzen, starren und schlafen. Etwas anderes gibt es bei ihm nicht. Hoffentlich steckt mich das nicht an. Allein wenn ich ihm zuschaue überkommt mich ein Gefühl von Niedergeschlagenheit. Es ist mit ihm unmöglich auch nur den Hauch von einer Privatsphäre zu bekommen. Ich werde jetzt noch ein wenig schlafen. Jetzt, nach dem

Mittagessen, bin ich schon wieder so unsäglich müde. Ich kann mir das nur damit erklären, dass jetzt gerade alles an Balast von mir abfällt oder ich muss mich einfach noch an die neue Dosis des Schlafmittels gewöhnen. Ich erschrecke gerade vor mir selber. Ich bin dermaßen an Aggression geladen, dass mich sprichwörtlich die Mücke an der Wand schier zum explodieren bringt. In solchen Momenten kommt es mir wieder zu gute, dass ich eigentlich ein sehr introvertierter Mensch bin und mich da wirklich unter Kontrolle habe. Jetzt werde ich erste einmal meine Sportübungen machen und danach noch eine rauchen gehen. Später geht es dann mit meinen Lieben zum Sushi-Essen. Das Essen gehen mit meinen Kids, Basti, Luis und Timo hat mir sehr gut getan. Es gab zwar die ein oder andere Situation, in welcher es mir zu viel, bzw. zu anstrengend wurde, diese konnte ich aber durch einen kurzen Rückzug an die frische Luft relativ gut in den Griff bekommen. Gerade kommt mir in den Sinn, dass morgen Mama und David zu Besuch kommen. Ich bin wirklich einmal gespannt, wie sich David mir gegenüber verhält. Die Nähe von Timo zu mir habe ich heute in vollen Zügen genossen. Mit meinen Mitpatientinnen hingegen, wird es mir momentan sehr schnell zu viel. Sitzen diese auch auf dem Balkon, so halte ich es dort nicht lange aus. Wenn dieses Stimmengewirr losgeht, durchdringt dies meinen Körper bis in das Mark. Ich habe dann regelrecht das Gefühl flüchten zu müssen. Ich lasse mir dies natürlich in keinster Weise anmerken. Ich hoffe, dass dies durch die Medikamente und die Therapie bald besser wird. Ich möchte mir gar nicht vorstellen müssen, dass diese innere Panik ein Dauerzustand werden könnte. So langsam vermisse ich zwar mein zu Hause, glaube aber nicht, dass ich einer Rückkehr jetzt schon gewachsen wäre. Eine Sache beschäftigt mich seitdem ich hier bin am laufenden Band: War das mit Michael und seinem Kumpel wirklich so, wie es sich in meinen Kopf eingebrannt hat ? Was war es denn ? Missbrauch ? Ja, vielleicht schon so eine Art Vergewaltigung ? Immerhin habe ich doch da freiwillig mitgemacht ? Ich glaube, dass mich dieses Thema noch eine sehr lange Zeit beschäftigen wird. Aber eines weiß ich mit ziemlicher Sicherheit: Egal was Michael und Papa uns Kindern angetan haben, Ich verzeihe ihnen beiden. Ich kann zwar vieles nicht vergessen (allein schon, weil vieles davon einfach zu schlimm war und unsere Seelen nachhaltig geprägt und zum Teil auch zerstört hat), aber dennoch verzeihen. Manchmal würde mich schon interessieren was die beiden jetzt dazu zu sagen hätten.

3.8.2015

Ich bin gerade, es ist kurz nach sechs Uhr, aufgestanden und habe wieder so eine schreckliche Nacht hinter mich gebracht. Ich werde jetzt erst einmal ganz in Ruhe frühstücken gehen und danach wieder einmal die Blutabnahme über mich ergehen lassen. Um neun Uhr habe ich einen Termin beim EKG. Ich bin zunächst deswegen erschrocken, habe aber erfahren, dass die das mit jedem neuen Patienten hier so machen. Heute ist auch wiedermal Chefarzt-Visite. Ich weiß langsam nicht mehr, was ich dort noch sagen soll. Drei mal die Woche, immer wieder die selben Fragen. Wie geht es ihnen heute ? Wie vertragen sie die Medikamente ? Bla bla bla........das nervt. Heute fühle ich mich so müde uns schläfrig, dass ich mich selbst versuche krampfhaft wachzuhalten. Wie soll ich diesen Tag nur überstehen ? Momentaner Stand meiner Gefühle ist, dass ich mehr und mehr zu dem Ergebnis komme, dass ich vor allem ohne Timo nicht mehr leben kann. Am liebsten würde ich ihn heiraten. Was hat mich eigentlich in der letzten Zeit so dermaßen belastet, dass es so rapide mit mir bergab ging und das ich letztendlich hier gelandet bin ? Die geschäftliche Situation ? Die Situation mit David und Timo ? Die Situation mit meinem Sohn Manuel, welcher einfach zur Zeit sehr schwierig in seinem Verhalten ist und einige Zeit sogar die Schule verweigert hat ? Die Situation, dass Elli nicht aufhören kann von mir zu lassen und mich dabei ständig bedrängt ? Die Situation, dass Marina auch noch versucht bei mir zu landen und ein mich sehr beengendes Verhalten an den Tag legt ? Oder schlichtweg alle dies im Zusammenspiel ? Irgendwie habe ich versucht für alles und jeden einen Mittelweg zu finden und habe dabei völlig vergessen auf mich zu achten. Was hätte z.B. ich gewollt ? Was hätte mir gut getan ? Was möchte ich überhaupt ? Es gibt noch so viele offene Fragen, welche nach einer Antwort suchen, aber ich denke, dass es das beste sein wird, wenn ich mir bei der Suche nach diesen Antworten alles Zeit der Welt nehme. Eines nach dem anderen. Ich finde es sehr belastend, wenn Marina und Elli (dank Basti gibt jetzt im Moment wenigstens Elli Ruhe) ständig schreiben und bohren. Immer diese bohrenden Fragen. Wenn eine Nachricht von Marina bei mir auf dem Handy eingeht, dann dreht sich mein Magen um dreihundert sechzig Grad, obwohl sie es bestimmt ja nur gut meint, aber ich kann das nicht ertragen. Für ein Krankenhaus ist das Mittagessen hier wirklich gerade zu delikat. Ich habe da schon weitaus schlimmeres erlebt. Heute gab es z.B. panierte Hühnerbrust mit Kartoffeln und Kohlrabigemüse. Nachdem auf dem Balkon wieder mal die gesamte Damenschar versammelt ist, habe ich diesmal wieder nur meine Zigarette im Schnelldurchlauf geraucht. Es ist für mich schlimm und sehr beengend, wenn man ruhe suchend auf dem Balkon sitzt und einfach nur die Sonne etwas genießen möchte, aber man keine Chance auf diese gewünschte Ruhe hat, weil die Damen in einer Tour quasseln, schnattern und lachen. In mir steigt dann ein unruhiges Gefühl auf, welches am besten mit der Panik in einem überfüllten Kaufhaus zu vergleichen ist. Noch zwei Stunden warten, dann kommt meine Mutter und David zu Besuch. Irgendwie, was jetzt komisch erscheint, freue mich darauf die beiden zu sehen. Vorhin hat mir mein Sohn Malcolm ein Foto von meinem Hund „Celine" geschickt. Ich vermisse mein Hunderudel, ich habe fünf Hunde, schon ein wenig. Wahrscheinlich wird sich David wie immer geben. Er wird so tun, als wäre alles in Ordnung. Alles andere würde mich schon sehr überraschen. Ich denke gerade über meinen Bettnachbarn nach. Ich kann mir das kaum vorstellen, dass er bewusst so ein Verhalten zeigt. Durch sein Verhalten habe ich hier kein bisschen Freiraum. Das schnürt mir langsam den Brustkorb zu. Ich hege schon Aggressionen gegen den armen Mann und schäme mich für meine Gedanken. Ich bin mittlerweile fast den ganzen Tag außerhalb des Zimmers, wenn ich nicht gerade schlafe, weil ich ihn einfach nicht mehr ertrage. Allein bei seinem Anblick erheben sich in mir die scheußlichsten Mordgedanken. Ich schäme mich wirklich selbst für diese Gedanken, kann diese aber nicht unterdrücken. Wie kann er das nur so aushalten ? Ich würde definitiv wahnsinnig werden. Eigentlich ist er ein ganz armer Mensch, der einem leid tun kann. Meine Mutter und David habe ich nach dreißig Minuten Besuchszeit wieder weg geschickt. Die Ausstrahlung meiner Mutter war mir einfach zu viel. Ich habe genau gemerkt, dass sie eigentlich ein anderes Verhalten an den Tag legen würde, sich aber sehr zusammengerissen hat. Es war eine sehr verkrampfte Stimmung. Ich habe aber in letzter Zeit häufiger ein Problem mit ihr und ihrem Verhalten. Als vorhin dann auch noch bei ihr das Geschäftshandy geläutet hat, bekam ich Schweißausbrüche. Ich hoffe, dass sich das alles bald wieder ändern wird. Bei meiner Mutter hingegen scheint sich rein gar nichts zu ändern. Sie kommt hier an, wie immer, im Schlabber-Look.....naja, was solls, ich sollte mich darüber nicht so aufregen.

Gerade eben hatte ich das wöchentliche Gespräch mit meiner „Bezugsschwester". Dieses Gespräch hat mir wirklich sehr gut getan. Es tut gut zu wissen, dass man einen festen Ansprechpartner für seine Sorgen und Nöte hat, auch wenn es mir noch etwas schwer Fällt mich vollends zu öffnen. Heute beginnt meine dritte Woche hier im Klinikum. Mir kommt es fast so vor, als wäre ich schon eine halbe Ewigkeit hier. Ich bin aber gespannt, wie die nächsten Wochen hier verlaufen und was noch alles auf mich zukommt. Vorhin habe ich mitbekommen das Serena, eine weitere Mitpatientin, heute auf die geschlossene Station verlegt wurde. Mensch, die Arme. Sie tut mir richtig leid. Ich wünsche ihr von ganzem Herzen, dass sie es irgendwann schafft ihr Leben in den Griff zu bekommen.

Ich finde es ganz besonders toll, dass Timo im Moment so verständnisvoll ist. Wenn er doch nur immer so wäre. Oder ist er das vielleicht und ich nehme es nicht oder falsch wahr ? Ich weiß, dass ich an mir arbeiten muss, was den Umgang mit meiner Familie und David und Timo angeht. Gerade im Moment fühle ich mich sogar gut. Ich hoffe, dass dieses Hoch sich etwas hält. Ich frage mich was mit meinem Sohn Manuel nur los ist ? Ist ihm meine Situation so peinlich oder schämt er sich gar für seinen Vater ? Ich habe mich gestern richtig für sein Auftreten geschämt. Total kaputte Schuhe, sein Kapuzenpullover an den Ärmeln total zerrissen, ungepflegte Haare. Generell war sein Erscheinungsbild sehr ungepflegt. Ich verstehe das nicht. So kann man sich doch nicht wohlfühlen. Eigentlich müssten ich, mein Bruder Basti oder sein Bruder Malcolm ihm doch ein gutes Beispiel sein. Wir sind alle stets gepflegt. Ich hoffe, dass der sogenannte Knoten bald bei ihm aufgeht. Ich bin guter Hoffnung, dass mein mir selbst auferlegtes Sportprogramm die gewünschten Erfolge zeigen wird. Etwas weniger Körperfett, ein bisschen mehr Definition, aber vor allem möchte ich diesen rapide einsetzenden Muskelabbau stoppen, bzw. diesem ein wenig entgegenwirken. Ich denke heute schon den ganzen Tag an meine ersten beiden Tage hier im Klinikum, als ich auf der geschlossenen Station eingeliefert wurde. Grausam. Ich denke, das waren die schlimmsten 2 Tage seit langem in meinem Leben. Zum einen die Zustände auf dieser Station und zum anderen tun mir die Menschen dort unwahrscheinlich leid. Auf dieser Station sind hauptsächlich Menschen, welche mit extremen Psychosen zu kämpfen haben. Dies habe ich auch beinahe am eigenen Leib erfahren. Zum einen sind einige Patienten dort sehr gewaltbereit und andere einfach nur geistig extremst verwirrt. Ich war heilfroh, als ich dann endlich auf die normale Station verlegt wurde.

4.8.2015

Außer mit einer Unterbrechung, so um kurz nach ein Uhr, habe ich endlich einmal durchschlafen können. Was für ein Gefühl. Heute hat es beim Frühstück wieder einmal Ärger mit unserm Dauer-Meckerer gegeben. Er ist schon manchmal, eigentlich fast immer, ein komischer Kauz. Heute wurde ich wiedermal gewogen. Habe mein Gewicht aus der letzten Woche halten können. Ich wiege immer noch vierundneunzig Kilogramm. Das finde ich schon einmal ganz gut so. Leider war es das auch schon mit den positiven Dingen heute. Jetzt im Moment geht mal wieder gar nichts. Ich hoffe, dass ich heute nicht den ganzen Tag mit irgendeinem sinnlosen Spiel auf dem Handy verbringen werde. Jetzt ist gleich erst einmal Visite angesagt.

Super ! Ich habe gerade bei der Visite von meiner Ärztin erfahren, dass irgend etwas mit meinen Nierenwerten nicht in Ordnung ist. Was kommt denn nicht noch alles auf mich zu ? Da wäre es unterm Strich wirklich besser gewesen, wenn ES geklappt hätte. Irgendwie überkam mich gerade auf dem Balkon, trotz all dem negativen, ein Gefühl von Leichtigkeit, was aber auch nichts daran ändert, dass ich momentan so gut wie keine anderen Personen in meinem Umfeld ertrage. Schnell wird mir alles zu viel und es setzt wieder dieser Fluchttrieb in mir ein. Heute habe ich zum ersten mal nicht so stark über die Probleme meines Beziehungslebens nachdenken müssen. Vielleicht findet sich ja doch noch ein Kompromiss ? Ich hoffe es so sehr. Obwohl ich im Moment, wenn ich nur auf mein Herz hören würde, mich im wesentlichen mehr auf Timos Seite sehe. Gerade war Timo auch hier. Ich hatte mich so sehr gefreut ihn zu sehen und freute mich auf ein bisschen Zeit mit ihm alleine, aber das ist hier schier unmöglich. Timo brachte vorhin eine Aussage, ich denke er hat dies als Spaß gemeint, zum Thema „betrügen in der Beziehung" getroffen, welche mich total aus dem Konzept gebracht hat. Er sagte: „Wenn es danach gehen würde, dann hätte er einmal frei". Das wühlt und gräbt gerade in mir. Wahnsinn ! Was mache ich, bzw. wie reagiere ich, wenn so etwas wirklich einmal passiert ? Keine Ahnung, aber ich denke ich würde daran zerbrechen. Ich kann ohne ihn nicht leben, weil ich ihn wirklich so sehr und aus tiefstem Herzen liebe. Bitte Gott, bitte, lass so etwas niemals geschehen, bitte. Mir geht dieser Satz einfach nicht mehr aus dem Kopf, noch dazu habe ich jetzt auch noch Sodbrennen wie wild. Ab morgen bekommen ich wenigstens noch ein Medikament für den Magen. In sportlicher Hinsicht wird dies hier ein sehr harter Weg für mich. Ich bin mein regelmäßiges Training von zu Hause her gewöhnt. Ich war all die Jahre aktiv im Bodybuilding und hier geht das überhaupt nicht. Aber ich werde dies schaffen. Ich versuche es im Moment zu vermeiden, mich mit meiner Kindheit auseinander zu setzen. Je mehr ich darüber nachdenken muss, um so grausamer finde ich das was geschehen ist. Das war mir all die Jahre gar nicht so sehr bewusst. Ich war immer nur der Starke, hab alles angepackt, war ein „Macher". „Das geht schon.......das packst du schon......".....bis dann der große Crash-Down kam. Und jetzt ? Jetzt kann ich gar nichts mehr. Fühle mich einfach nur klein, schwach und hilflos.

5.8.2015

Ich hasse es Blut abgenommen zu bekommen. Während dessen ging heute eigentlich, aber kurz danach, als ich aufgestanden bin, wurde mir etwas flau im Magen und schwarz vor Augen. Ich habe mir für heute fest vorgenommen etwas weniger zu Grübeln. Gerade nach dem gestrigen Tag wird dies aber alles andere als einfach.

Mal sehen wie die Visite heute verläuft. Ich kann in der Visite nicht so offen reden, wie ich es eigentlich möchte, mir sind das einfach zu viele Personen, um mich zu öffnen. Die Visite ist heute aber ganz gut verlaufen, bis auf die Tatsache, dass meine Nierenwerte schon wieder gestiegen sind. Ich frage mich, wie das jetzt so plötzlich kommen konnte. Was ist hierfür der Auslöser ? Ich vertraue hier darauf, dass die Ärzte dies schon herausfinden werden. Gleich habe ich wieder eine Sitzung bei meiner Psychologin. Vielleicht geht es dieses mal wieder um meine Kindheit ? Dieses Thema beschäftigt mich in letzter Zeit mehr denn je. Wenn man diesen Zeitabschnitt in meinem Leben überhaupt als Kindheit bezeichnen kann. Wohl ehr Crash-Kurs im Abschotten und schnell erwachsen werden. Das Gespräch mit der Psychologin zeigt mir immer mehr auf, dass ich viel mehr für mich selbst tun muss. Ich muss damit aufhören ein schlechtes Gewissen zu haben, wenn ich einmal etwas für mich tue, was mir gut tut. Die Putzfrau hier geht mir vielleicht auf den Keks. Ständig putzt sie dort wo ich gerade entlang laufen möchte. Man könnte gerade meinen, dass sie dies mit purer Absicht tut. Zum Verrückt werden. Vorhin habe ich ein paar Stündchen geschlafen, was mir und meinem Körper sehr gut getan hat. Was mir auch auffällt ist, dass ich in der letzten Zeit wesentlich intensiver Träume als früher. Vorhin habe ich geträumt, dass ich ein großer Sänger wäre....... irgendwie witzig. Vielleicht hat mein Traum ja dadurch Einfluss genommen, dass ich beim Einschlafen noch Musik gehört habe ?.

In der Chefarzt-Visite sagte meine Ärztin zu mir, ich solle das Trainieren erst einmal ganz aufhören. Alles was recht ist, aber das kann ich beim besten willen nicht. Ich weiß das ich, bedingt durch mein Hochleistungstraining, die Muskelmasse hier nicht halten oder gar erweitern kann. Das zu denken oder zu glauben wäre völlig illusorisch. Ich möchte einfach fit bleiben und die mir fehlenden Hormone, welche ich mir jahrelang in den Körper gepumpt habe, kompensieren. Heute ist irgendwie ein ganz schlechter Tag bei mir. Teilweise habe ich selber Angst vor meinen Stimmungsschwankungen. Ich bin heute schon den ganzen Tag auf der Flucht, auf der Suche nach etwas Ruhe. Mich hat heute teilweise der einfache Anblick der Leute, beim Essen, aggressiv gemacht. Die eine isst wie ein kleines Kind, die andere kann nicht mal für fünf Minuten ihren Mund halten, der andere starrt beim Essen durch den Raum....oh man. Die Aggressionen gegen meinen Bettnachbarn wachsen auch stetig an. Ich kann ihn echt nicht mehr sehen, geschweige denn riechen (im wahrsten Sinne des Wortes). Mich macht seine Art, die ganze Zeit einfach nur da zu sitzen und die Wand anzustarren einfach nur aggressiv. Ich bin dann immer ziemlich sauer auf mich selber, dass ich solche Gedanken überhaupt zulasse. Ich bin heute so schlecht drauf, dass ich sogar wieder Suizidgedanken hatte oder mir zumindest dachte, dass es besser gewesen wäre, wenn einer meiner Versuche geklappt hätte. Ich finde diese Gedankengänge total erschreckend, vor allem, wenn man wie ich über alles reflektiert. Mir geht gerade die bloße Anwesenheit andere Menschen gegen den Strich. Auch stelle ich mir heute immer wieder und wieder die Frage, was bloß mit David los ist ? Er meldet sich kaum noch bei mir und kümmert sich so gut wie gar nicht um mich. Jedes mal, wenn er in der Vergangenheit im Krankenhaus war (meistens wegen seiner Diabetes), habe ich mich um ihn gesorgt und gekümmert und das obwohl ich da noch weniger Zeit hatte, als er sie jetzt hat. Ich musste ja in solchen Situationen stets seine Aufgaben noch zusätzlich zu den meinen übernehmen. Ich finde sein Verhalten einfach nur noch komisch und traurig. Würde sich Timo mir gegenüber jetzt auch noch so verhalten, denke ich, dass ich einfach durchdrehen würde. Selbst meine eigenen Kinder melden sich kaum bei mir. Dies tut so schrecklich weh. Mein Bruder Basti wollte mich heute eigentlich besuchen kommen, hat mir aber geschrieben, dass er viel im Betrieb zu tun hat. Ich finde dies zwar schade, aber ich damit leben. Ist ja schließlich gut, wenn der Betrieb läuft. Geschäft und seine Zukunft gehen nun mal vor. Ich spiele wirklich ernsthaft mit dem Gedanken, dass ich die Betriebe an ihn abgeben könnte. Ich denke mich hat der Aufbau der Betriebe und die kürzliche Rettungsaktion so viel Kraft gekostet, dass ich froh und erleichtert wäre, wenn ich zurücktreten könnte. Solche Worte von mir ? Vor nicht ganz sechs Wochen wäre so etwas aus meinem Mund noch undenkbar gewesen, aber so lange mein Haus bezahlt ist und meine Rechnungen gedeckt werden können, kann ich damit leben und komme auch damit zurecht. Ich könnte mir sogar vorstellen, dass ich mir dann noch einen kleinen Job suche, so dass ich wenigstens etwas zu tun habe. Ich könnte mir auch durchaus vorstellen weiterhin für unsere Firma tätig zu sein, aber dann im besten Fall nur noch für den Kreativen teil und vielleicht ab und zu mal einen Bereitschaftsdienst. Aber momentan fühle ich mich dazu noch überhaupt nicht in der Lage. Generell fühle ich mich momentan nicht in der Lage überhaupt einer Arbeit nach zu gehen. Wenn jemand diese Krankheit nicht selbst am eigenen Leib erlebt hat, dann ist das nur schwer nachzuvollziehen. So ging es mir früher ja selber, als ich noch alles schön bei Seite geschoben habe. Ich hoffe jedoch, dass ich hier am Tage meiner Entlassung so stabil sein werde, dass ich nicht noch einmal einen Suizidversuch unternehme. Ich möchte, dass mir das Leben wieder schmeckt. Ich möchte noch so viel von dieser Welt sehen, am allerliebsten vom Schiff aus. Ich liebe Kreuzfahrten. Vielleicht, wenn es finanziell passt kann ich dieses Jahr nochmal Urlaub auf hoher See machen. Erst einmal abwarten, wie sich mein geistiger Zustand bis dort hin entwickeln wird. Eines habe ich mir aber fest vorgenommen, so bald ich hier raus bin. Ich werde auf den Friedhof zu Michael und Papa gehen und werde den beiden an ihrem Grab verzeihen. Das ist mir ein großes Anliegen. Meinem Bruderherz Basti bin ich einfach nur dankbar. Ich hoffe, dass er das alles schafft. Ich weiß wie schwer und hart das alles teilweise ist, auch im wirtschaftlichem Sinn. Ich liebe ihn unendlich, so wie man halt einen Bruder lieben kann. Das Verhalten unserer Mutter finde ich sehr komisch in letzter Zeit. Die Frau, welche immer krank vor Sorge um uns, zehn mal am Tag angerufen hatte nur um zu fragen, ob alles bei uns in Ordnung ist, meldet sich gerade einmal am Tag, meistens

Abends, per SMS bei mir. Ich denke sie meint dies nur gut. Ich denke sie möchte, dass ich zur Ruhe komme. Trotzdem denke ich, dass unsere Mutter an sich mehr arbeiten muss. Ich Auftreten und ihr Hang dazu nicht immer ganz bei der Wahrheit zu bleiben, finde ich sehr schlimm und belastet mich ganz enorm. Vielleicht haben ihr die Ereignisse mit mir einmal die Augen geöffnet. Ich hoffe es für sie. Gestern Abend hatte ich einmal einen Moment in welchem ich meine Hunde sehr vermisst habe. Ich finde es erschreckend, dass ich solche Moment hier kaum erlebe. Früher, im Urlaub, oder wenn ich wegen anderer Dinge in einem Krankenhaus liegen musste, bin ich fast immer vor Heimweh gestorben. Aber Heimweh ? Hier ? Fehlanzeige. Was ich aber hier spüre und was für mich von Tag zu Tag immer schlimmer wird, ist die wahnsinnige Sehnsucht nach Timo, verbunden mit der Angst, dass er nicht auf mich warten wird. Bei David weiß ich im Moment meine Gefühle nicht mehr einzuordnen. Das macht mir Angst. Ich denke wirklich, wie meine Psychologin heute sagte, dass ich vieles in meinem Leben ändern muss. Sonst komme ich aus dieser „Mühle", immer nur mich um andere sorgen zu müssen, gar nicht mehr heraus. Dabei möchte ich auch einmal wissen, wie gut es tun kann, wenn man etwas für sich selbst tut.

Die Kraft meiner Gedanken
Geraten schnell ins wanken
Man immer nur an andere denkt
Dabei das Ruder schnell verlenkt
Und ehe man dann doch erwacht
Das Schiff an einen Fels gekracht
Sich dann noch wieder zu erholen
Schier unmöglich, die Zeit gestohlen
Gerne würd ich für mich da sein
Ohne Trug und ohne Schein
Die Zeit genießen die verrinnt
Einfach alles lieben lassen geschwind
Schön wäre es für mich zu wissen
Ohne Last und ohne Müssen
Das sich Zeit und Gedanken einfach küssen

Ich glaube für heute habe ich wieder einmal genug gegrübelt und mir Gedanken über das Leben gemacht. Vielleicht wird morgen ein besserer Tag ? Ich wünsche es mir. Morgen früh muss ich wieder einmal zur Blutabnahme. Habe gerade noch erfahren, dass Käthe, eine englische Bulldogge von einem ganz lieben Freund gestorben ist. Das tut mir so schrecklich leid für die beiden. Käthe war eine ganz tolle Hündin. Hoffe die arme Maus ruht in Frieden.

6.8.2015

Heute Morgen musste ich meinen in den letzten vierundzwanzig Stunden gesammelten Urin abgeben und musste eine nicht all zu schöne Tortour beim Blut abnehmen über mich ergehen lassen. Eine Schwesternschülerin hat zwei mal vergeblich versucht Blut aus meinem linken Arm zu bekommen. Gott sei Dank kam meine Ärztin dazu und hat mir dann das Blut aus dem rechten Arm gezapft. Meine Güte, war mir übel. Ich rechnete jeden Moment damit einfach umzukippen. Ich denke und hoffe, dass dies die letzte Blutabnahme für diese Woche war. Gerade hat mir David geschrieben, dass er morgen nicht kommen kann, da sie in unserem Cafehaus eine größere Gesellschaft bewirten müssen. Naja, kann man nichts machen, ist halt einfach so. Gerade ist es bei mir gefühlstechnisch wieder sehr schwankend. Ich hoffe, dass die Medikamente bald ihre gewünschte Wirkung zeigen werden und mir es dann endlich einmal besser gehen wird. Dieses ständige auf und ab kostet mich sehr viel Kraft. An manchen Tagen fühle ich mich, als hätte ich zehn Stunden durchgearbeitet. Habe gerade mitgeteilt bekommen, dass ich heute noch um vierzehn Uhr und fünfzehn Minuten einen Termin bei einem HNO-Arzt haben werde. Naja, ok, ich schiebe das sowieso schon viel zu lange vor mir her. Heute gehen mir die Damen mit ihrem Geschnatter wieder richtig auf den Keks. Man hat hier wirklich nirgends seine Ruhe. Ich bin die ganze Zeit schon wieder auf der Flucht. Entweder weil mir das Gerede zu viel wird oder vor den Putzfrauen, die wieder einmal genau dort wischen, wo man es gerade nicht gebrauchen kann. Man, ich will doch nur ein wenig meine Ruhe haben. Habe gerade von meinem Bruder erfahren, dass der Vermieter meines Büros in Giebelstadt heute plötzlich verstorben ist. Das macht mich sehr traurig. Ich habe ihn sehr gemocht und habe mich sehr gerne mit ihm unterhalten. Er war ein guter Mensch und nach außen hin noch so fit. Ich kann das gerade nicht wirklich fassen. Er hat das nicht verdient. Ihm hätte ich noch einen langen und gesunden Lebensabend gewünscht.

Ich komme gerade vom HNO-Arzt zurück. Das „neue" Trommelfell, welches mir vor drei Jahren bei meiner ersten Operation rekonstruiert wurde ist kaputt und er sagte mir überdeutlich, dass nicht nur diese Seite auf Grund eines sogenannten Rezidifes wieder operiert werden muss. Auf der anderen Seite hatte er auch eine Art Cholesteatom entdeckt. Ein Cholesteatom ist ein gutartiger Tumor im Innenohrbereich. Diese Diagnose muss ich jetzt erst einmal verdauen. So macht das Leben langsam wirklich keinen Spaß mehr. Immer ist irgend etwas anderes. Ich habe zwar immer gesagt, dass ich nochmal operiert werden müsste, habe aber insgeheim immer gedacht: „ach, das geht auch ohne". Pustekuchen ! Jetzt habe ich den Salat. Oh man, ich möchte diese Schmerzen nicht noch einmal ertragen müssen und dann auch noch beidseitig. Ich habe langsam echt keinen Bock mehr auf das alles. Hoffentlich kommt bei den Nieren wenigstens etwas positives heraus. Wenn nicht, wenn hier auch noch etwas schlimmeres sein sollte, dann kann ich mir wirklich die Kugel geben. Ich habe im Moment wirklich nicht mehr die Kraft das alles alleine durchzustehen. Gott, ich brauch Hilfe, bitte ! Auf irgendeine Art und Weise hat der HNO-Arzt meinen Gesichtsnerv gereizt. Die eine Hälfte meiner Zunge ist ganz taub. Meine Ärztin hier finde ich übrigens total klasse. Wie sich diese Frau für ihre Patienten ins Zeug legt ist einfach nur der Wahnsinn. Meine Hoffnung diese Woche kein Blut mehr geben zu müssen ist wohl mit dem Wunsch danach gestorben. Ich muss morgen früh nochmals zum Aderlass. Dieses mal möchte die Ärztin das Blut an ein Speziallabor senden. Die Werte welche nun aus dem Kliniklabor kamen, stimmen nicht mehr überein und so möchte meine Ärztin auf Nummer sicher gehen. Gerade eben war mein Bruderherz zu Besuch. Der Kaffeevorrat ist somit gesichert. Leider hatte er auch schlechte Nachrichten mit dabei, z.B. was den Prozess gegen Herrn Mauser angeht, welcher von uns (leider, hauptsächlich aus Gutmütigkeit) einen Beratervertrag hat. Hier habe ich in allen Instanzen verloren. Für mich ist dies absolut unbegreiflich und nicht zu akzeptieren. Das regt mich gerade total auf. In meinen Augen ist dies eine Ungerechtigkeit hoch hundert. Ich verstehe das beim besten Willen nicht. Dieser Mensch belügt und betrügt die gesamte Menschheit und kommt damit auch noch durch. Ich habe wirklich einfach keine Lust mehr auf diese ganze Sch.....

Ob ich unter solchen Voraussetzungen jemals wieder meinen Betrieb führen kann ? Ich wage es zu bezweifeln. Ich finde dies dermaßen unfair, dass lässt sich kaum noch in Worte fassen. Aber ich kann jetzt wohl nichts mehr dagegen tun, außer darauf vertrauen, dass mein Bruder und unser Anwalt das Beste aus dieser Situation machen werden. Diese Sache und jetzt auch noch die Angst vor der Operation setzen mir gerade richtig zu. Ich fühle gerade eine richtige Panik in mir aufsteigen. Dann habe ich auch noch erfahren, dass David Lieferantenrechnungen von fast siebentausend Euro hat verschwinden lassen. Warum ? Was soll das ? Was bezweckt er mit diesem Verhalten ? Ich verstehe gerade sprichwörtlich die ganze Welt nicht mehr. Er muss doch wissen, dass so ein Verhalten von ihm sich einzig und alleine auf meinem Buckel abwälzt. Ich glaube fast ihm wäre es auch lieber gewesen, wenn einer meiner Suizidversuche geklappt hätte. Sein Verhalten treibt einen ja gerade zu in den Ruin oder aber in den Suizid. Will er das ? Möchte er mich so los werden ? Vielleicht um an der Geld meiner Risiko-Lebensversicherungen zu kommen ? Aber das kann und will ich nicht glauben. Was bezweckt er mit den „Spielchen", welche er mit Timo treibt ? Auf der einen Seite würde er ihn am liebsten verjagen, erzählt anderen, dass er ein Problem mit ihm habe, aber auf der anderen Seite schreibt er ihm Nachrichten mit Inhalten wie z.B.: „Danke, dass du da bist". Teilweise schreibt er ihm noch viel lächerlichere Dinge, z.B. gesteht er ihm, dass er sich in ihn verliebt habe. David, was soll das ? Möchte er mich vielleicht ganz systematisch kaputt machen ? Ich bete zu Gott, dass meine Gedanken mich hier täuschen. Heute ist ein solch warmer Sommertag, dass es selbst hier im Zimmer unerträglich warm ist. Schwitzen vom Sitzen, auch nicht schlecht. Gerade wegen dieser unerträglichen Wärme habe ich nun auch meine Kalorienzufuhr erhöht. Da ich, auch trotz der Wärme, meine Sportübungen mache, muss ich aufpassen, dass ich meinem Körper genügend Nährstoffe zufüge. Ich denke mal noch ca. ein bis zwei Wochen dann dürfte ich in sportlicher Hinsicht mein Definitionsziel erst einmal erreicht haben, was mir hier drin nicht sonderlich schwer fällt. Wenn kaum etwas anderes zu tun hat, außer sein eigenes System herunterzufahren. Dann hat man genug Zeit für Sport und genau diesen brauche ich auch um etwas meinen Kopf frei zu bekommen. Von Silvio hätte ich mir gewünscht, dass er ein echter Freund ist, aber da habe ich mich wohl die ganzen Jahre täuschen lassen. All die Jahre wurde ich vor ihm gewarnt und habe einfach nicht darauf gehört. Mir bricht es gerade das Herz, wie er hinter meinem Rücken versucht meinen Bruder Basti zu beeinflussen. Dinge, wie „Du musst jetzt handeln...wir müssen alles ändern, angefangen vom Briefpapier, bis zu den Firmenschildern....der Name des Unternehmens muss geändert werden" u.s.w......das zu hören ist für mich verdammt hart und tut einfach nur höllisch weh. Ich habe diesem Mensch einmal blindes Vertrauen geschenkt. Wieder einmal so einen riesengroße Enttäuschung mehr in meinem Leben. Ich bin sehr froh, dass mein Bruder Basti zu mir steht und sich nicht beeinflussen lässt. Wenn dem doch so wäre, dann wäre dies definitiv mein Ende. Mehr würde ich dann wirklich nicht mehr aushalten können. Ich für meinen Teil werde mir Silvio in Zukunft vom Hals halten. Das war mir dann doch eine Nummer zu viel. Diesmal ging er wirklich einen Schritt zu weit. Nicht nur, dass er meinen Steuerberater und meinen Anwalt über alles informiert hat, nein, dass wäre ja noch nicht genug, er muss auch noch gleich unsere Mutter verunsichern und Basti versuchen zu beeinflussen. Ich hoffe nur, dass er nicht all zu viel Chaos angerichtet hat. Das mit meiner Harley-Davidson ist von ihm natürlich die absolute Oberfrechheit. Er würde mir das bezahlen, was an Restschuld noch bei der Bank offen steht. Für wie blöd hält er uns eigentlich ? Bei der Bank stehen nur noch rund neuntausend Euro offen. Ein Händler hatte uns neunzehntausend Euro angeboten. Ich finde das wirklich mehr als traurig wie er sich uns, bzw. explizit mir gegenüber verhält. Wenn für ihn eine Freundschaft nur daraus besteht, dem anderen in die Tasche oder den Geldbeutel zu fassen, dann enttäuscht mich das sehr. Vor allem die Tatsache, dass er noch versucht aus meiner Lage finanziellen Profit für sich heraus zu holen verschlägt mir die Sprache. Wie oft war ich für ihn da, wenn es ihm schlecht ging ? Als er damals von seiner Frau verlassen wurde und er mir früh morgens um drei Uhr, als wir in Frankreich waren, auf dem Balkon sein Herz ausgeschüttet hatte, oder als seine Miriam ihn verlassen hatte und er mir in Miami sein Herz ausgeschüttet hatte.....dafür war ich wohl noch gut genug. Und jetzt ? Er hat sich bis jetzt noch nicht ein einziges mal bei mir gemeldet. Das gibt mir schon sehr zu denken. Ich möchte doch nur einfach in Frieden und Harmonie leben können. In Ruhe meiner Arbeit nachgehen können und ab und zu das Leben etwas genießen dürfen. Ist das zu viel verlangt ? In meinem Fall glaube ich fast, dass es das ist. Irgendjemand möchte einfach nicht, dass ich glücklich bin. Irgendjemand gönnt mir das was ich mir über Jahr hart erarbeitet habe einfach nicht. Muss ich mich wirklich den kompletten Rest meines Lebens so durch quälen ? Das möchte und kann ich nicht, außerdem schaffe ich das nicht. Jetzt stellt sich mir die quälende Frage, ob ich die Scheidung von David möchte oder nicht ? Ich kommen mit seinem ignoranten Verhalten einfach nicht mehr zurecht. Er erzählt zwar überall herum, dass er mich sehr vermisst, aber ich glaube ihm das einfach nicht. Zu meinem Bruderherz sagte er, dass er nicht weiß, wie er mit mir und dieser Situation klar kommen soll. Welche Situation ? Das sein Mann in der Irrenanstalt (ich hasse dieses Wort) sitzt ? Vielleicht sollte auch er einmal darüber nachdenken, dass er vielleicht auch ein klein bisschen Mitschuld an meiner Situation hat. All die Jahre, in welchen ich mich auch für ihn aufgeopfert habe, seine Schulden beglichen habe oder einfach meinen Mund gehalten habe, wenn ich ihn wieder einmal beim Lügen ertappt habe.

7.8.2015

Heute habe ich bis kurz vor acht Uhr geschlafen ! Eigentlich sollte man dies dick und rot im Kalender anstreichen. Ich hätte wahrscheinlich sogar noch etwas länger geschlafen, aber da hatte wohl mein Bettnachbar etwas dagegen. Nach dem Frühstück habe ich brav meine Medikamente genommen und dann wurde mir, den vierten Tag in folge, wieder Blut abgenommen. Heute musste es wieder an zwei Armen versucht werden. Ich hasse Blut abnehmen, obwohl mir heute wenigstens einmal nicht übel dabei wurde. Wie es nun aber zwischen mir und David weitergehen soll, weiß ich immer noch nicht. Diese

Gedanken quälen mich aufs unermessliche. Wie soll man einen Entscheidung treffen, welche einem eigentlich schon vorschwebt, aber man trotz allem moralische Bedenken hat. Meine Stimmung, an diesem extrem heißen Freitag, würde ich ehr als neutral bezeichnen. Seit dem gestrigen Tag hat sich mein Hörvermögen drastisch verschlechtert. In einer Unterhaltung muss ich mich extrem anstrengen um alles mitzubekommen. Das beginnt meine Stimmung zu trüben. Die heilige Chefarzt-Visite habe ich heute auch mehr oder weniger gut über mich ergehen lassen (wenn man fast nichts mehr hört, bekommt man auch fast nichts mit, aber ständig nachfragen wollte ich nun auch nicht). Die Ergebnisse der Nierenwerte bekomme ich leider erst am Montag mitgeteilt, da meine Ärztin heute nicht hier ist. Ich finde dies gerade aber absolut nicht schlimm. So habe ich wenigstens etwas Luft zwischen diesen ganzen Hiobs-Botschaften. Ich vermisse Timo von Tag zu Tag immer mehr. Heute hat es zum Mittagessen nur Grießbrei gegeben. Naja, war auch einmal ganz ok und hat auch satt gemacht. Außerdem habe ich Grießbrei seit einer halben Ewigkeit nicht mehr gegessen. Meine Stimmungslage fühlt sich heute sehr seltsam an, irgendwie neutral, aber dann auch doch wieder nicht. Kann es sein, dass man zeitweise einfach gar nichts fühlt ? Die neuen Damen hier auf Station scheinen sehr nett zu sein, soweit ich das jetzt schon beurteilen kann. Ich werde mich dennoch erst einmal auf Abstand halten. Ich kann im Moment einfach niemanden näher an mich heran lassen. Maria scheint aber irgendein Problem mit den neuen Damen zu haben. Sie zieht sich immer weiter zurück. Sonst war sie gerne bei uns auf dem Balkon gesessen und wir haben sehr gute Gespräche führen können. Schade. Und schon wieder ertappe ich mich dabei, dass sich meine Gedanken nur um andere drehen, anstatt dass ich mich um mich selbst kümmere. Heute ist es so warm wie in einer Sauna, in der gerade der Aufguss gemacht wurde. Man schwitzt schon, auch wenn man nur auf dem Bett sitzt und nichts macht. Für eine Privatstation hätte ich mir wenigstens klimatisierte Zimmer gewünscht. Es ist schon komisch, dass mich dieses „Nichts-Tun" mehr anstrengt als einer Arbeit nachzugehen. Manchmal habe ich das Gefühl, dass ich das nicht lange durchhalte und manchmal tut es aber auch richtig gut. Aber dadurch, dass ich so viel Zeit habe, widme ich mich sehr oft meinen Sportübungen. Beim Sport, und das war früher schon so, kann ich einfach meinen Kopf ausschalten und mich einzig und allein auf meinen Körper konzentrieren. Das fühlt sich gut an. Auf die Untersuchung in der HNO-Klinik bin ich sehr gespannt. Ich habe eine panische Angst davor, dass mein anderes Ohr genauso in Mitleidenschaft gezogen wurde. In einem solchen Fall wäre ich nach der Operation fast komplett taub. Allein die Vorstellung keine Musik mehr hören zu können ist für mich unerträglich. Momentan soll ich eigentlich zur Ruhe kommen, aber es sind gerade wieder so viele Dinge in meinem Leben am laufen.....wie soll ich da denn bitte zur Ruhe kommen ? Oder war in meinem Leben schon immer so viel los und habe dies nur nicht richtig wahrgenommen ? An manchen Tagen und in manchen Momenten habe ich den starken

Drang einfach von mir selber Urlaub zu nehmen. Warum habe ich mir überhaupt so viel aufgelastet und zugemutet ? Hätte ich ab einem gewissen Punkt nicht einfach damit aufhören können ? Im beruflichen Leben hatte ich schon immer den Drang weiter und weiter nach oben zu steigen. Ich war quasi süchtig nach Erfolg.

Und nun ? Nun bin ich ziemlich weit oben mit einem Haufen Problemen und Hindernissen in meinem Weg und ich habe nicht den Hauch einer Ahnung, wie ich diese Probleme je lösen soll. Vor allem jetzt, in meiner jetzigen Verfassung blicke ich so gut wie bei nichts mehr noch durch. Ich bin so froh, dass ich im Moment auch meinen Bruder Basti bauen kann. Aber aufgeben ? Normalerweise kenne ich dieses Wort nicht, aber kann es vielleicht sein, dass gerade dieses Aufgegeben sich unter Umständen sogar gut anfühlen kann ? Ich habe auch keine Ahnung, wie ich darauf reagieren werde, wenn mir mal wieder alles zu viel wird ? Ich fühle mich heute, bedingt durch die ganzen Gedankengänge, wieder nur extrem müde und ausgelaugt. Vielleicht liegt es aber auch nur am Wetter oder an meinen Medikamenten ? Wer weiß. Was ich weiß ist, dass es verdammt gut tut sich einfach dann einmal in Bett legen zu können, wann man dies möchte. So etwas kannte ich früher nicht, bzw. da war an so etwas nicht einmal im Traum zu denken. Ich darf nicht vergessen, dass, sobald ich hier raus bin, auf den Friedhof zu meinem Bruder Michael und zu Papa zu gehen. Morgen ist der erste Samstag im Monat. Das heißt, dass meine Jungs in Erlangen wieder einen Event veranstalten. Dies wird der erste Event in diesem Jahr, bei welchem ich nicht dabei sein werde. Mir tut dies verdammt weh ! Wer wird meine Rolle besetzen ? Zusätzlich vermisse ich die Jungs extrem und finde es so traurig, dass ich diese jetzt nicht sehen kann. Wie werde ich zukünftig dort noch eingesetzt ? Ich kann es dem Kreativ-Team nicht übel nehmen, wenn diese mich gar nicht mehr in den Shows einsetzen. Mir bleibt da aber nichts anderes übrig, als abzuwarten. Aber vielleicht erinnern sie sich ab und zu einmal daran, was ich auch finanzieller Hinsicht alles für die NEW getan habe. Was wäre gewesen wenn ? Diese Frage beschäftigt mich seit gestern Abend. Was wäre, bzw. wie wäre meine Entwicklung verlaufen, wenn mein Bruder Michael nicht gestorben wäre ? Was wäre dann aus mir geworden ? Ich bin mir fast sicher, dass ich dann meinen Weg im Beruf des Krankenpflegers gegangen wäre, was vor Michaels tot immer mein Wunschberuf gewesen ist. Aber so sollte es ja nicht kommen. Ich habe heute die schlimmen Dinge, welche mir als Kind mit und durch meinen Bruder Michael passiert sind, meinen engsten Vertrauten gesagt: meinem Bruder Basti, Timo und Elli. Natürlich könnte ich jetzt wieder meinen Eltern einen Vorwurf machen. Warum war niemand da um mich zu beschützen ? Warum konnte ich nie mit jemanden darüber sprechen ? Was war denn bitteschön mit mir als Person ? Irgendwie, im Nachhinein betrachtet, muss ich mir selber eingestehen, dass ich mir vorgekommen sein muss als würde ich nur so am Rande der Familie existieren. Ich denke aber, dass meine Eltern mit der Situation um Michael einfach schlichtweg überfordert waren, so dass sie alles andere nicht mehr richtig wahrgenommen haben. Vielleicht habe ich durch das Erlebte als Kind in meinem Leben die Mauern zu hoch um mich herum errichtet, mich zu arg abgeschottet von der gesamten Außenwelt. Welches „normale" Kind, wobei normal reine Definitionssache ist, geht am Tag nachdem sein toter Bruder aus dem gemeinsamen Zimmer getragen wurde, ganz normal in die Schule und schreibt in einer Matheklausur eine glatte zwei ? Im Moment stellt sich mir die berechtigte Frage, wie ich in Zukunft, jetzt da alles wieder so lebhaft vor meinen Augen erscheint, umgehen soll. Wird dies nun irgendwelche Auswirkungen auf mein weiteres Leben haben ? Wie bringe ich diese ganze hässliche Geschichte meiner Mutter bei, ohne dass sie einen Zusammenbruch erleidet ? Ich wünsche mir für mich, dass ich einfach ein glückliches, sorgenfreies und harmonisches Leben führen kann. In welcher Art und Weise ich dies dann tun könnte, wäre für mich nur sekundär. An materiellen Werten und Dingen hatte ich in meinem Leben schon alles was man sich nur wünschen kann, dass brauch ich nicht mehr zum glücklich sein. Ich bin auch der Meinung, dass das was ich alles erlebt habe, nur sehr schwer therapierbar sein wird; vor allem nach so vielen vergangenen Jahren. Ich glaube, dass sehr viele meiner Verhaltensmuster gerade in den ganz schlimmen Jahren meines Lebens geprägt wurden. Vielleicht besteht ja wenigstens die Chance, dass ich in Zukunft offener und selbstbewusster damit umgehen kann. Mich zerreißt es im Moment innerlich in tausend Stücke. Nun ist meine dritte Woche hier drin bald vorüber und ich fühle mich wie ein Brunnen, welcher eine neue Quelle angezapft hat und fast am übersprudeln ist. So sprudeln zur Zeit sämtliche Gefühle durch meinen Kopf. Irgendwie fühlt sich das abnormal und krank an. Ich bin hier gelandet wegen zweier Suizidversuche und auf Grund der hoffnungslosen Überlastung in meinem Leben, welche ich seit Jahren habe über mich ergehen lassen. Ich konnte einfach nicht mehr und habe für mich in diesem Moment keinen anderen Ausweg mehr gesehen. Würde ich es wieder tun ? Ich weiß es ehrlich gesagt nicht. Noch erschwerend dazu kommen diese ganzen Beziehungsquerelen. Egal ob es in der Vergangenheit das mit Timo oder David war oder die ständigen Quälereien mit Marina, welche offenbar nicht akzeptieren kann (oder will), dass ich nichts von ihr möchte oder ob es um Elli geht, die mit diesem Akzeptieren auch so ihre Schwierigkeiten hat. Alle anderen, welche etwas von mir wollten, wie z.B. Lars oder Stewart, konnte ich mir vom Leibe halten, weil diese Personen auch nicht so eine Bindung zu mir oder zu meiner Familie hatten. Bei Marina, der Mutter meiner Kinder, ist das schon schwieriger, genauso bei Marina, die seit Jahren quasi zur Familie gehört. Es waren einfach zu viele Dinge zeitgleich welche in den letzten anderthalb Jahren auf mich eingestürmt sind: Timo, David, Marina, Elli, die Geschäftsübernahmen, der Hauskauf, welcher mich auch sehr ausgelaugt hat, meine Mutter, welche sich auch sehr zu ihrem Nachteil verändert hat und und und. Irgendwann packt man das halt alles nicht mehr. Die Frage nach dem „was würdest du heute anders machen" stellt sich mir eigentlich nicht, da nun einmal alles so gelaufen ist und ich die Uhr des Lebens leider nicht rückwärts laufen lassen kann. Es gab durchaus auch Zeiten in welchen ich mir wünschte, in einer ganz normalen, spießigen Familie aufgewachsen zu sein, aber das ist halt auch nun einmal nicht der Fall gewesen. Ich liebe meine Familie trotz allem, auch wenn wir anders sind, als alle anderen. So, jetzt ist es 22.40 Uhr und ich habe meine Nacht-Medikation schon eingenommen. Schlafen wird bei den Temperaturen sehr sehr schwierig. Timo hat mich vorhin mit einer Aussage etwas verunsichert. Von wegen er habe „momentan" nicht so das Bedürfnis etwas am Abend zu unternehmen. Was ist wenn er das Bedürfnis dennoch bekommt ? Bin ich dann abgeschrieben ? Würde er die Situation ausnutzen, um etwas mit einem anderen Mann anzufangen ? Diese Gedanken machen mir Angst.

8.8.2015

Heute Morgen hat mein Bettnachbar ewige Zeiten das Badezimmer belegt. Ich finde sehr ekelerregend, wenn er seine halbe Körperbehaarung im Badezimmer verliert und ich jedes mal, wenn ich meine Sportübungen machen möchte, erst den Badezimmerboden sauber machen muss. Dieser Mensch treibt mich noch in den Wahnsinn. Bis er dann letztendlich einmal fertig wurde, habe ich gefrühstückt und bereits die ersten zwei Zigaretten geraucht. Was solls, ich sollte mich da gar nicht so arg darüber aufregen. Ich weiß ja nicht ob das von ihm Absicht, Unbeholfenheit oder ein Teil seiner Erkrankung ist. Ich werde jetzt erst einmal noch eine rauchen gehen und danach ist es auch schon Zeit für meine Tabletten. Ich habe gerade meine Tabletten genommen und danach etwas Sport gemacht. Jetzt werde ich erste einmal ein bisschen schlafen.

War gerade auch dem Balkon, habe die Sonne genossen und dabei etwas Musik gehört. In solchen Momenten fehlt mir einfach meine Gitarre. Für mich gibt es eigentlich nur zwei Dinge, welche mich im Moment wirklich etwas runter bringen: Musik und Sport. Bei diesen beiden Dingen kann ich meinen Kopf ausschalten. Gerade als ich gestern Basti einige Dinge erzählt habe und mich die gesamte Zeit über gedanklich damit auseinander gesetzt habe, fühle ich mich heute müde und ausgebrannt, aber dieses Thema, um meinen Missbrauch als Kind, lässt mich zur Zeit einfach nicht los. Es umklammert mich wie ein Schraubstock. Wieso habe ich nie mit meinen Eltern darüber gesprochen ? Warum habe ich dieses Thema so lange und so gut verdrängt, dass ich zeitweise gar nicht mehr daran gedacht habe ? Wie werde ich dieses Thema, nachdem es nun so stark in mir aufkocht, verarbeiten können ? Im Moment habe ich da wirklich keine Ahnung. Ich weiß nur, dass es mich gerade innerlich zerstört und zupackt, wie bei einem Haifisch, der seine Beute nicht mehr los lässt. Ich hatte mich schon darüber gefreut, dass mein Bettnachbar dieses Wochenende wieder Heimaturlaub hat. Da habe ich mich wohl zu früh gefreut. Also habe ich wieder einmal kein kleines bisschen Privatsphäre. Oh man, wie mich das jetzt schon wieder ankotzt. Anders kann ich es leider nicht mehr ausdrücken.

Dabei hatte ich mich schon so auf ein paar ruhige und zärtliche Momente mit Timo gefreut. Das wird wohl wieder nichts. Im Moment gehe ich auch bei meinen Mitpatienten sehr arg auf Rückzug. Ich habe nicht die Kraft mir ständig noch ihre Leiden und Probleme anzuhören. Ich bin ein Mensch, der so etwas dann auch noch förmlich in sich aufsaugt und das ist wirklich das Letzte, was ich im Moment gebrauchen kann. Wenn das mit meinem Training hier so weitergeht, bekomme ich hier drin noch eine richtige Traumfigur. Nur das diese mir hier drinnen nichts nützt. Petra könnte auch einmal ein Glas Instand-Kaffee kaufen. Sie trinkt das Zeug schneller als man nachlegen kann. Ich finde diese „Ich bediene mich einfach mal Mentalität" total schlimm. Es ist doch nicht zu viel verlangt, wenn sie auch einmal etwas beisteuert. Timo möchte mich dann besuchen kommen. Mich stört es wahnsinnig, dass er mit dem Zug hier her fahren muss. So etwas hatten wir vorher nie nötig. Ich mag das absolut nicht. Es stehen bei uns so viele Fahrzeuge herum, da könnte er eines davon nehmen. Ich hoffe nur, dass ich mir beim nächsten Streit nicht auf Brot schmieren lassen muss, dass er ja extra mit dem Zug zu mir gefahren ist, um mich zu besuchen. Ich ertrage solche Vorwürfe einfach nicht. Mich nervt das gerade so arg, dass ich ihn am liebsten wieder nach Hause schicken würde oder ihm sagen möchte, dass er gar nicht erst kommen soll. So langsam findet ich das alles eh sehr seltsam. Auch das er zur Zeit bei seinen Eltern lebt. Naja, die Zeit wird es mir ja zeigen, ob ich recht habe oder ob mich gewaltig getäuscht habe. Ich habe nichts gegen seine Eltern oder seine

Familie. Im Gegenteil, ich mag seine Familie sogar sehr. Ich finde es auch großartig, wie seine Familie mich mit aufgenommen hat, was ich vorher leider nicht so kannte. Ich mache mir halt einfach so meine Gedanken darüber. Gerade ist wieder so ein Moment der inneren Panik. Ich würde jetzt am liebsten davonlaufen oder eine Brücke herunter springen. Silvio hat mir eben auf meine Mailbox gesprochen, von wegen sie sind für mich da und vermissen mich. Ha, von wegen. Bei Basti redet er darüber meinen Namen überall verschwinden zu lassen und dann kommt er mir so. Das alles wird mir in den letzten Tagen einfach wieder zu viel. Ich halte das so nicht mehr länger aus. Gerade war Timo hier zu Besuch. Heute fand ich es sehr schlimm und auch ziemlich quälend für mich. Zum einen, weil wir überhaupt keine Privatsphäre für uns hatten und zum anderen weil mich ein absolut negatives Gefühl überschattet, was ihn betrifft. Nun hoffe ich, dass ich bis Ende August hier raus kommen kann. Er sagte mir, dass seine Mutter Ende August nach Persien fliegt. Wenn er nun ganz alleine in seinem Elternhaus ist, ist das für mich ein ganz schlimmes Gefühl. Krank von Eifersucht und der panischen Angst ihn zu verlieren. Aber genau dieses Gefühl habe ich zur Zeit ständig. Auch die Tatsache, dass er nirgends mehr ein Foto von mir hat macht mir richtig Angst. Vor unserem letzten großen Streit hatte ein mein Bild als Hintergrund auf seinem Handy und hatte ein Passfoto von mir in seinem Geldbeutel. Dazu sagte er lediglich: „Ich weiß nicht wo es ist, ich glaube es ist kaputt gegangen“. Ich denke ehr, dass er es bei unserem letzten großen Streit zerrissen hat. Warum sagt er es dann nicht einfach, wenn dem so war ? Auf jeden Fall hat mir sein Besuch heute nicht sonderlich gut getan. Ich könnte gerade einfach nur heulen. Das mag für Außenstehende wieder einmal nur banal klingen, aber für mich ist das gerade so als würde die Welt zusammenbrechen. Ich werde heute versuchen, ihm nicht mehr zu schreiben, bevor ich wieder etwas schreibe, was mir im Nachhinein leid tun würde. Kann man eigentlich eine Person zu sehr lieben ? Ich denke ja und ich denke bei mir ist das Timo gegenüber auch so. Ich hoffe, dass ich einmal einen Punkt erreichen kann, an welchem ich das alles etwas lockerer sehen kann. Ich weiß generell nicht, wie das alles noch weitergehen wird. Mir wird hier von Tag zu Tag immer deutlicher, dass ich mein Leben um dreihundert sechzig Grad ändern muss, aber ich weiß beim besten willen nicht wie ich das anpacken soll. Wo fange ich an ? Wo setze ich an ? Mich verwirrt das alles so sehr. Ich denke mal, im Moment zumindest, dass ich das nicht schaffen werde. Hier wäre jetzt ein Patentrezept gut, aber wie so oft im Leben gibt es das nicht. Dann wäre es wahrscheinlich zu einfach. Einfach ganz radikal alles zu ändern kann ich nicht, dafür bin ich auch nicht der Typ. Warum kann mir nicht einmal das Schicksal helfen ? Nein, das Schicksal nimmt lieber noch, wie immer, ordentlich Schwung und tritt mir in den Hintern. Zur Zeit überfordert mich einfach alles. Selbst einfaches Nachrichten austauschen über Whats App überfordert mich sehr schnell. Seit dem ich hier bin, lassen mich die erlebten Dinge meiner Kindheit, hauptsächlich was Michael betrifft, überhaupt nicht mehr los. Es fühlt sich für mich an, als würde ich einen schlimmen Traum immer wieder erleben, so wie, als wenn man vor etwas davon rennen möchte und man nicht von der Stelle kommt und die kalten Klauen des Grauens immer näher und näher kommen. Ich habe meiner Psychologin noch nicht erzählt, wie schlimm das auf einmal alles für mich ist. Manche Dinge fühlen sich jetzt so an, als wären sie erst gestern geschehen. Ich bin auch einmal auf die Reaktion meiner Mutter gespannt, wenn ich ihr das alles erzähle. Ich hoffe, dass sie damit einigermaßen umgehen kann. Bei Basti glaube ich, dass er gerade ein Problem damit hat, was ich verstehen kann. Ich hoffe nur, dass dies keinen Auswirkungen auf unser gutes Verhältnis haben wird. Das würde mir extrem weh tun. Bei Mutter kann ich das gerade gar nicht einschätzen, wie ihre Reaktion darauf aussehen wird. Ich muss das einfach alles abwarten und hoffen. Man muss sich auch einmal vor Augen halten, welche Auswirkungen das noch haben könnte, nach über zwanzig Jahren. Ich hoffe es zumindest nicht. Mein größter Wunsch wäre es, dass ich eines Tages damit abschließen könnte. Aber geht so etwas überhaupt ? Ich denke es wäre das Beste für mich, wenn ich lernen würde, dass dies einfach ein Teil meiner Lebensgeschichte ist und auch bleiben wird. Es gibt einfach Dinge, welche man nicht loswerden kann. Wie offen soll oder kann ich damit umgehen ? Ich denke so offen wie möglich, vielleicht auch um anderen die wirklich schrecklichen Folgen aufzuzeigen, was geschehen kann, wenn jemand Drogen zu sich nimmt. Ich wünsche, dass was mir passiert ist, dass dies niemand durchmachen muss und schon gar keinen Kindern. So etwas zerstört eine Kinderseele. Es ist schlimm genug zu sehen, wie sich der eigene, geliebte Bruder immer mehr verändert und zu Grunde richtet. Stimmt, ich habe fast jede Nacht Ängste durchlebt. Wie ist er drauf ? Passiert wieder etwas ? u.s.w. Ich denke, dass es mir auf der einen Seite auch geholfen hat, dass ich mich abgeschottet habe. Hätte ich dies nicht getan, was wäre dann wohl alles passiert ? Hätte mich dann die Angst und die Verzweiflung selbst irgendwann in die Abhängigkeit getrieben ? Oder hätte mich das alles so in den Wahnsinn getrieben, dass ich wahrscheinlich heute nicht mehr hier sitzen würde, um dieses Buch zu schreiben ? Das sind auch wieder solche Fragen, welche einem niemand beantworten kann. Aber die Tatsache, was das Verhalten bzw. die Suchtkrankheit eines Einzelnen auslösen kann, ist schon enorm grausam und im Moment geht es mir damit von Tag zu Tag schlechter. Wie sieht es mit meinen beruflichen Perspektiven aus ? Momentan habe ich einfach nur panische Angst davor in meinen Betrieb bzw. in meinen Beruf zurückzukehren. Das muss man sich einmal vorstellen. Ich habe Angst vor meinem eigenen Betrieb. Ich fühle mich jetzt schon panisch und überfordert, wenn ich nur daran denken muss. Was hat sich alles verändert ? Komme ich mit diesen Veränderungen klar ? Blick ich da dann überhaupt noch durch ? Wie reagieren die Mitarbeiter auf mich ? Vom Gefühl her denke ich nicht, dass ich in absehbarer Zeit wieder meiner beruflichen Tätigkeit nachkommen kann. Ich kann das einfach nicht mehr. Vielleicht schaffe ich es ja irgendwann mal mich wenigstens um die Trauerdrucksachen zu kümmern ? Vielleicht kann ich auch wieder Beratungen durchführen ? Aber ertrage ich momentan das unsägliche Leid anderer Menschen ? Ich müsste es einfach einmal versuchen. Meine Gedanken stehen heute einfach nicht still. Ich frage mich sehr häufig und immer wieder: „was wäre wenn Michael jetzt noch leben würde ?" Ich denke das unser Vater sicherlich noch ein paar Jahre länger durchgehalten hätte. Ich, bzw. meine Entwicklung wäre dann auch sicherlich eine ganz andere gewesen. Ich hätte wahrscheinlich, so wie ich es mir als Kind immer gewünscht habe, Krankenpfleger gelernt. Ich wäre wahrscheinlich auch nie mit Marina zusammengekommen und hätte somit heute auch keine zwei Söhne. Ich hätte wahrscheinlich auch mit meinem Outing und meinem Lebensstil nicht so große Probleme gehabt. Ich frage mich immer und immer wieder: „war sich Michael überhaupt im Klaren darüber, was er mir und unserer gesamten Familie angetan hat ?" Ich glaube nicht. Ich denke ihn hatte die Sucht dermaßen im Griff, das er einfach alles andere ausgeblendet hat. Er war wahrscheinlich so tief in seiner Drogenwelt verschwunden, dass er für uns und alles andere keine Augen mehr hatte. Somit kann er sich eigentlich nicht im Klaren darüber gewesen sein, was er uns alles angetan hat. Sein Verhalten und schließlich dann auch sein Tod hatten meine Entwicklung und mein weiteres Leben zu einhundert Prozent beeinflusst und geprägt. Bei mir habe ich auch eine Art Neigung zur Sucht entdeckt. Bei mir bezieht sich das allerdings auf meinen kompletten Lebensstil: Arbeiten, Sport, Steroide, Tabletten und letztendlich Sex. Dies sind alles Dingen von welchen ich

91

nie genug haben konnte, bis jetzt. Jetzt hat mich das alles eingeholt und mich hier her gebracht. Viele die mich sehen sagen immer „der ist so ruhig und so ausgeglichen". Dies täuscht gewaltig. Zum einen gab es Zeiten in welchen ich ein richtiger Choleriker wurde und zum anderen sage ich: „Manchmal sind die die Ruhig sind, lauter als die die schreien. Man muss ihnen nur genau zuhören". Zuhören ? Ein gutes Stichwort. Wer hat mir denn zugehört ? So blöd und so schlimm es klingen mag....leider Niemand. Eigentlich war ich mein Leben lang mit meinen Problemen, mit meinen Ängsten und Zweifeln alleine. Gut, zum einen, weil ich mich sehr abgeschottet habe, aber zum anderen weil einfach niemand für mich da war. Das hat sich erst seit dem auftauchen von Timo in meinem Leben geändert. Meistens hieß es immer nur: „Ach, der schafft das schon. Wenn es jemand schafft, dann er" u.s.w. Ich konnte diesen Scheiß echt nicht mehr hören. Ich wurde durch das Erlebte viel zu früh meiner Kindheit und meiner Jugend beraubt. Dies sind Zeiten im Leben die kommen einfach nicht wieder, egal wie sehr man sich dies auch wünscht. Vielleicht liebe ich genau deshalb auch Freizeitparks und all solche Unternehmungen so sehr ? Ich glaube ich freue mich da manchmal mehr als meine eigenen Kinder. Das Gefühl an solchen Plätzen, der ganz spezielle Geruch dort, all das verzaubert mich und ich fühle mich frei. Oh man, was ist bloß mit mir los ? Momentan kippt meine Stimmung schlagartig von einen auf den anderen Moment. Ich habe vorhin aus heiterem Himmel einen Streit mit Timo angefangen. Dieses Verhalten von mir macht mir richtig

Angst. Ich möchte das gar nicht, kann es aber, wenn es einmal angefangen hat, nicht mehr kontrollieren oder gar stoppen. Als ich mich beruhigt habe, habe ich mich bei Timo entschuldigt, aber es ist wirklich nicht gut, dass momentan jeder unter meinen Stimmungsschwankungen leiden muss. Was kann ich nur dagegen tun ? Ich werde dies am Montag auf jeden Fall in der Chefarzt-Visite ansprechen. So etwas darf auf Dauer gesehen nicht mehr vorkommen.

9.8.2015

Heute Morgen habe ich sehr ausgiebig gefrühstückt, aber meine Gedanken sind deshalb kein bisschen weniger geworden. Es ist extrem nervend, wenn bei jedem Bissen, bei jedem Atemzug, bei jedem Schluck Kaffee, die Gedanken kreisen, wie die Wäsche in einer Waschmaschine. Ich stelle mir immer noch die Frage, was bei mir der Grund für meine extremen Stimmungsschwankungen ist. Das geht manchmal so schnell, als würde bei mir am Hinterkopf jemand einen Schalter umlegen. Seltsam. Heute fühle ich mich wieder einmal schlapp und müde. Ich denke, dass mir momentan das übermäßige Grübeln die Energie aus dem Körper zieht. Ich kann nichts dagegen tun, das läuft völlig automatisiert ab. Wenn dieses Grübeln einmal eingesetzt hat, kann ich es auch nicht mehr kontrollieren. Es ist jetzt gerade einmal zehn Uhr am Morgen und ich fühle mich wie durch den Wolf gedreht. Im Zimmer ist es schon wieder so extrem warm. Ich schwitze dermaßen, dass ich jetzt schon wieder mein Bett neu beziehen muss. Mit den neuen Damen hier auf Station ist es nicht mehr so schön wie noch vor Kurzem. Die eine Dame, sie ist Frau eines Notarztes, denkt sie sei etwas besseres. Ich finde es witzig, wie sie mich immer mustert. Mich würde brennend interessieren, was sie sich dabei denkt ? Gerade dann wenn ich ein T-Shirt trage und man meine ganzen Tattoo´s sieht. Die andere Dame hat schon so eine komische „Bleibt-mir-alle-vom-Leib-Ausstrahlung". In ihrer Nähe fühle ich mich einfach nicht wohl. Ob die beiden Damen überhaupt wissen wen sie da vor sich haben ? Ist mir auch relativ egal. Man merkt den beiden aber an, dass sie dieses typische veraltete Schubladendenken verwenden, zumindest wenn es um die Einschätzung ihrer Umgebung geht. Heute kommt mein Bruder Basti mich besuchen. Ich bin ja mal gespannt, wie er sich mir gegenüber gibt, jetzt nachdem er weiß was mir als Kind zugestoßen ist. Er war die letzten beiden Tagen schon etwas zurückhaltender als sonst. Ich kann das aber durchaus verstehen. Er muss dies mit Sicherheit auch erst einmal verdauen. Ich hoffe nur, dass mir nicht deswegen einmal Vorwürfe oder ähnliches gemacht werden. Ich weiß nur noch nicht, wie ich das in die Psychotherapie mit einbringen soll. Mir geht die extreme Wärme und das damit verbundene Schwitzen heute richtig auf den Geist. Das Mittagessen war heute sehr lecker: Geflügelrollen, Nudeln und gemischtes Gemüse. Zum Nachtisch gab es Käsekuchen. Eine Seite an mir möchte hier so schnell es geht raus, die andere Seite in mir sagt aber mehr als deutlich „Stopp, du bist noch nicht so weit!" Ich denke auf diese Seite, welche mir dringend anrät noch hier zu bleiben, sollte ich auch hören, auch wenn es an manchen Tagen noch so schwer fällt. Gerade im Moment schwankt meine Stimmung wieder zwischen neutral und aggressiv. Das ist auch gerade ein Grund, weshalb ich nicht auf mein Handy schaue, aus Selbstschutz und um anderen nichts ungerechtfertigtes an den Kopf zu werfen. Mir tut es auch unendlich leid, dass ich bei unserem Event in Erlangen, gestern Abend, nicht dabei sein konnte. Ich hoffe, dass ich beim nächsten mal wieder mit dabei sein kann. Jetzt sind gerade im Moment die Temperaturen auf dem Zimmer etwas erträglicher. Kommt mein Bruderherz Basti heute noch oder nicht ? So wie es jetzt gerade aussieht wird Basti und Luis zwar kommen, aber meine Kinder werden wieder einmal nicht dabei sein, was mich sehr enttäuscht und auch traurig macht. Anscheinend bin ich ihnen nur etwas wert, wenn die entsprechende Gegenleistung von mir erbracht wird. Schade und sehr traurig ! Aber da muss ich dann wohl auch durch, obwohl mir gerade wieder richtiggehend zum heulen zu mute ist. Meine eigenen Söhne melden sich kaum noch bei mir und freiwillig kommen sie mich auch nicht besuchen. Ich weiß wirklich nicht, wie ich damit umgehen soll. Gerade war Basti und Luis hier. Zu meiner Überraschung haben sie ihre Deutsche Dogge Isadora mitgebracht. Habe mich sehr gefreut sie zu sehen. Das war auch einmal eine willkommene Abwechslung. Wenigstens läuft im Moment geschäftlich alles gut, so dass ich mir darüber wenigstens keine all zu großen Sorgen machen muss. Ich weiß, dass wenn ich hier raus komme, dass ich nicht mehr so enorm Gas geben kann wie früher, aber ein bisschen möchte ich schon noch arbeiten können. Auf meinen Bruder Basti bin ich sehr stolz. Ich bin wirklich froh und auch dankbar, dass ich ihn habe und das er sich um alles kümmert. Ohne ihn wäre ich wirklich aufgeschmissen. Ich denke ich werde in Zukunft weniger Druck auf meinen Schultern lasten haben, so dass ich mich mehr um Dinge wie z.B. den Haushalt und meine Hunde und meine Kinder kümmern kann. Aber viel wichtiger ist eigentlich, dass ich mehr Zeit haben werde, um das zu tun, was mir gut tut. Vielleicht wird dann auch die Beziehung zu Timo einfacher, bzw. harmonischer. Darüber würde ich mich sehr freuen. Ich weiß, dass ich Timo gerne einmal heiraten möchte. Nur wie und wann, dass erschließt sich mir noch nicht ganz. Wie soll ich diesen Spagat nur hinbekommen ? David gegenüber fühle ich mich noch moralisch Verpflichtet. Hier drin spüre ich, wie gut mir das Schreiben tut. Es fühlt sich fast schon so an, als wäre das Papier eine Art Therapeut. Alles was ich hier schreibe bin einfach nur ICH, ohne mich verstellen oder profilieren zu müssen. Ich weiß, dass ich eine sehr bewegte Vergangenheit habe, aber ich muss lernen zu dieser zu stehen. Egal was andere darüber denken oder sagen, aber das hier bin einfach nur ich. Ich muss auch aufpassen, dass ich mich in Zukunft nicht mehr zu irgendwelchen Entscheidungen motivieren lasse, die mir eigentlich nicht zusagen. Ich muss mehr auf mich selbst und mein Bauchgefühl hören. Jedes mal wenn ich auf andere gehört habe, hat mir dies nichts weiter als Ärger und Stress gebracht. Momentan sehe ich das Leben noch als eine Art Gegenspieler zu meinem eigenen ICH, aber ich muss lernen, beides in Einklang zu bringen. Was wäre, wenn mir das nicht gelingen sollte ? Ich glaube, dann würde dies wieder hier in der Psychiatrie enden. Für mich selbst war diese Erfahrung hier zu sein absolut hilfreich und auch notwendig. Hier erst war ich gezwungen „den Gang" heraus zu nehmen, in den Leerlauf zu wechseln und mich mit mir selbst und mit meiner Vergangenheit auseinander zu setzen. Meine Mutter hat mir eben geschrieben, dass sie morgen mit David und den Kids mich besuchen kommt und das Marina auch gern mit möchte. Das wird mir ein wenig zu viel. Das habe ich ihr auch als Antwort zurückgeschrieben. Vor allem Marina ertrage ich im Moment kein bisschen. Allein die Tatsache, dass sie mir jeden Tag Nachrichten sendet macht mich wahnsinnig. Manchmal frage ich mich, was ich eigentlich an ihr einmal so interessantes gefunden habe ? Ich habe es heute nicht geschafft mich gegenüber Timo zu öffnen. Gerade bei ihm, denn ihn liebe ich abgöttisch, sollte es mir eigentlich leicht fallen. Ich hoffe, dass ich in naher Zukunft mittags auch noch ein Medikament bekommen kann, dass mich dann soweit stabilisiert, dass diese wirklich schlimmen Aussetzer aufhören. Ich möchte und ertrage diese Aussetzer nicht mehr länger. Sie lassen mich richtig schlecht fühlen, lassen mich Dinge sagen und denken, welche ich eigentlich gar nicht möchte. Die Erkenntnis zu erlangen, das man hier am richtigen Ort ist, ist für einen selber schon ziemlich hart.

10.8.2015

Irgendwie fühlt sich mein Kopf heute wie leer gebrannt an. Das Wochenende war für mich Stimmungstechnisch eine Katastrophe. Mir macht vor allem immer noch dieser schnelle Stimmungswechsel sehr zu schaffen. Ich habe gerade all meine Probleme, welche den Stimmungswechsel angehen, in der Chefarzt-Visite angesprochen und meine Ärzte haben auch gleich darauf reagiert. So wie es sich darstellt vertrage ich das Medikament Cipralex nicht, welches anscheinend für meine gereizte Stimmung verantwortlich ist. Die Medikamente, welche ich als Ersatz für das Medikament Cipralex bekomme muss ich dann zwei mal täglich einnehmen. Ich hoffe, dass sich meine Stimmung dann endlich etwas bessert. Kommenden Donnerstag habe ich einen Termin in der HNO-Klinik in Würzburg bekommen. Ich bin gespannt auf die Diagnose, welche dann dort gestellt wird. Vielleicht hat sich der HNO-Arzt hier vor Ort ja auch geirrt ? Heute kommen Mutter, David und meine Kinder zu Besuch. Ich hoffe, dass ich diesen Besuch dann etwas länger als sonst aushalten kann; so langsam muss ich mich einmal an die Belastung gewöhnen, denn wie soll das sonst werden, wenn ich erst wieder zu Hause bin ? Generell ertrage ich Menschen im Moment nur sehr schlecht in meiner unmittelbaren Umgebung. Mein Sport hilft mir sehr gut meine Gefühlswelt zu kompensieren. Ich habe gerade eben das wöchentlich stattfindende Gespräch mit meiner Bezugsschwester gehabt. Ich setze gerade all meine Hoffnungen in das neue Medikament.

Vielleicht bekomme ich mich dann endlich in den Griff. Das wäre so schön, wenn niemand mehr unter meinen Launen leiden müsste. Generell fühle ich mich heute wieder sehr schwankend. Ich habe heute schon wieder sämtliche Facetten an Stimmungsstufen durchlebt: von gut gelaunt, bis tief betrübt bis hin zu leicht aggressiver Stimmung. Mir fehlt heute auch jegliche Lust etwas aufzuschreiben. Dies ist wieder ein sehr komischer Tag. Einmal geht's mir gut und im nächsten Moment wieder schlecht und so zieht sich dies den gesamten Tag schon hin. Hoffentlich entfalten die neuen Medikamente ihre Wirkung schnell. Als ich gerade meinen Bettnachbarn erblickte kochte sofort die blanke Wut in mir hoch. Innerlich schäme ich mich dafür, denn er hat mir nicht das geringste getan, bis auf die Tatsache, dass er ständig entweder schläft oder auf seinem Stuhl sitzt und man durch sein Verhalten absolut keine Privatsphäre hat. Mutter und David kommen heute erst spät. Mir passt das ganz gut, so können sie nicht all zu lange bleiben, wegen dem Abendessen. Gerade war einer der wenigen Momente, in welchen ich den Balkon ganz für mich alleine hatte. Das war einfach nur herrlich. Keine Damen, welche ständig quatschen und lachen und einem jegliche Ruhe nehmen. Wenn ich mir so die ein oder andere Dame hier ansehe frage ich mich, warum diese überhaupt hier sind ? So schlecht kann es ihnen ja gar nicht gehen, wenn sie die ganze Zeit lachen können. Ich finde das aber beneidenswert. Ich möchte auch einmal wieder so richtig herzhaft lachen können. Tja, so klein können die eigenen Wünsche auf einmal werden. Gerade waren Mama und

David hier, aber leider wieder einmal ohne meine Kinder. Ich habe manchmal das Gefühl als wollen sie mich gar nicht sehen, oder es scheint ihnen egal zu sein. Ich habe „es" (das in meiner Kindheit erlebte) heute einfach meiner Mutter gesagt. Man merkte zwar schon, dass es sie arg mitgenommen hat, aber ich denke sie wird damit schon klar kommen. Ich habe das Gefühl, dass die neue Medikation wirklich gut wird. Irgendwie fühle ich mich gerade zum ersten mal richtig gut. Ausgeglichener als sonst. Das gefällt mir und ich hoffe, dass das so anhalten wird. Mal sehen. Bevor es gleich zum Abendessen geht werde ich noch ein bisschen Sport machen. Der Sport tut mir so gut; ich brauch das einfach, auch für mein eigenes Ego. Was mich nach wie vor enorm belastet ist der ständige Kontakt zu Marina, meiner Ex-Frau und zu Elli, mit welcher ich auch einmal eine Affäre hatte. Ich denke, dass mich beide nicht wirklich loslassen können und dieses Verhalten ist auch für mich nur schwer zu ertragen. Ich versuche immer nett und freundlich zu sein, aber manchmal werden sie schon sehr aufdringlich. Ich versuche dies dann meistens so gut es geht zu ignorieren. Gerade im Moment zieht vor unserer Klinik ein Gewitter auf. Vielleicht haben wir ja Glück und es wird dann etwas kühler. Nachdem der Tag heute wieder so extrem heiß war, würde uns dies sicherlich sehr gut tun. Ich frage mich die ganze Zeit, wie ich nur mit David in Zukunft weiter umgehen soll ? Dies ist für mich eine extreme Belastung. Nicht nur seine Krankheit, nein, sondern auch noch die ständige Angst davor, dass ihm etwas passieren könnte. Er achtet so gut wie nie auf seine Diabetes und isst einfach was ihm in die Quere kommt. So etwas kann auf Dauer nicht gut gehen. Ich mache mir hier richtig Sorgen um ihn. Die neuen Medikamente sind wirklich gut. Ich habe das Gefühl, dass diese jetzt schon mein Grübeln etwas eindämmen. Am Donnerstag holt mich mein Bruder Basti ab, um mich in die HNO-Klinik zu fahren. Oh man, wie wird das alles nur weitergehen ? Ich habe eine solche Angst vor einer erneuten Operation. Ich versuche jetzt trotz all dem erst einmal zu schlafen. Es ist schon sehr spät.

11.8.2015

Heute Morgen hat die übliche Blutabnahme endlich einmal ohne Probleme funktioniert. Ich bekomme nun Morgens noch ein weiteres Medikament. Im Endeffekt musste man also das Einpralle, welches ich vorher bekam, durch zwei neue Präparate ersetzen. Mittlerweile kann man auf dem Balkon fast gar nicht mehr in Ruhe sitzen. Meistens, also fast immer, ist dort die gesamte „Damenmannschaft" versammelt und schnattert munter vor sich hin. Ich gehe davon aus, dass ich von dem einen Medikament noch mehr schwitzen muss, als ich dies eh schon tue. Es fast schon Rekord, wie ich seit gestern Abend schwitze. Teilweise läuft der Schweiß an mir herunter, als würde ich gerade aus der Dusche kommen. Heute Morgen war außerdem wieder wiegen angesagt. Ich habe schon wieder an Gewicht verloren. Ganze zwei Kilogramm in einer Woche. Die normale Arztvisite ist heute sehr schnell verlaufen, da meine Blutergebnisse immer noch nicht da sind. Das Labor ist aber der Meinung, dass bei Menschen, welche sehr hart trainieren es normal sein kann, dass die Nierenwerte erhöht sind. Ich werde mir da jetzt auch erst einmal keine größeren Gedanken mehr machen. David scheint allmählich aufzuwachen, aber ich denke, dass dies zu spät ist. Ich kann mir einfach nicht ständig Gedanken darüber machen, ob er jetzt die Wahrheit sagt oder ob das was er sagt gelogen ist. Ich finde es sehr traurig, dass er so undurchsichtig ist. Oder war er das vielleicht schon immer ? Im besonderen Maße enttäuscht bin ich von meinem Sohn Manuel, der sich so gut wie überhaupt nicht bei mir meldet. Mein Sohn Malcolm schreibt mir wenigstens mindestens einmal in der Woche. Naja, Manuel ist halt gerade einmal fünfzehn Jahre alt; ein schwieriges Alter. Gestern Abend hat mir meine Mutter nochmal geschrieben, warum ich damals, als „es" geschehen ist, nicht gleich zu ihr gekommen bin ? „Damals" waren meine Eltern so auf Michael und seine Drogensucht fixiert, dass es wahrscheinlich nicht viel gebracht hätte, wenn ich dann meine Eltern noch mit diesem Thema belästigt hätte. Und was hätte es denn gebracht ? Wenn überhaupt etwas, dann wahrscheinlich nur zusätzlichen Ärger, den ich dann hätte ausbaden müssen. Fakt ist aber nun einmal, dass ich Michael verziehen habe. Verziehen, aber nicht vergessen. Ich muss nun einen Weg finden, damit umzugehen. Dies werde ich auch. Das heutige Mittagessen, Sauerkraut mit Eisbein und Kartoffelpüree, war eigentlich ganz ok. Gerade habe ich noch etwas Sport gemacht und mein Bett frisch bezogen und schwitze gerade wieder aus sämtlichen Poren meines Körpers. Mein Bettnachbar schläft schon wieder. Meine Güte regt mich das auf. Ich hoffe, dass er bald entlassen wird oder zumindest einmal über das Wochenende nach Hause fährt. Ich kann sein Verhalten nur sehr schwer nachvollziehen. So verschwitzt wie ich gerade bin, kann ich mich nicht in mein frisches Bett legen, obwohl ich hundemüde bin. Ich werde erst einmal auf den Balkon gehen, um eine Zigarette zu rauchen. Ich glaube Elli kapiert es wirklich nicht, dass ich im Moment einfach nur meine Ruhe brauche und auch haben möchte. Nein, das Gegenteil ist der Fall. Jetzt wird sie schon wieder so bohrend und bedrängend. Auch Alfred, einer meiner besten Freunde, versteht wohl kaum die Situation, in welcher ich mich gerade befinde. Ständig kommen die selben Sprüche wie: „Du schaffst das schon" etc. Irgendwann kann man das nicht mehr hören. Es gibt Tage, an welchen ich selbst denke, dass ich das alles schaffen werde, dann wiederum gibt es Tage an denen mir selbst das Denken zu viel wird. Ich bin der Meinung, wenn jemand nicht selbst an dieser Krankheit leidet, kann er auch nichts dazu sagen. Ein gesunder Mensch versteht diese Krankheit einfach nicht. Manchmal fühle ich mich wie ein kleiner Junge, welcher hilflos durch einen Wald irrt. Panisch auf der Suche nach einem Ausweg. Einfach nur raus aus diesem Wald und irgendwo hin, wo es Menschen gibt. Für mich ist es immer noch sehr schwer zu akzeptieren, dass ich ein Problem, bzw. diese Krankheit habe. Ich hoffe immer noch sehr, dass Timo die Zeit aushält um auf mich zu warten. Ich weiß nicht warum, aber er ist in letzter Zeit mein Anker, an welchen ich mich klammere, um das alles hier zu schaffen. Er gibt mir Mut und Kraft. Ohne ihn würde ich mich aufgeben, was nicht gut ist, denn eigentlich sollte ich das alles hier für mich tun. Wie würde ich reagieren, wenn er fremd gehen würde ? Ich denke, dann würde ich auch noch das letzte bisschen Mut verlieren. Ich freue mich schon riesig darauf, wenn ich hier raus kann und Timo endlich wieder in meine Arme schließen kann. Ich freue mich auch schon auf so einfache Dinge, wie einfach mal einen Kaffee trinken gehen, ohne einen Gedanken an meinen Betrieb oder ein Problem zu verschwenden. Einfach unbeschwert die Zeit genießen. Ich hoffe nur, und denke ständig darüber nach, ob Basti wirklich mit allem so gut klar kommt, wie er mir vorgibt. Ich vertraue ihm da einfach einmal; etwas anderes kann ich im Moment nicht tun. Ich bin aber sehr stolz auf ihn. Wenn das mit Mauser einmal alles ein Ende hat, überlege ich, ob ich meinem Bruder Basti nicht wirklich den gesamten Betrieb übergeben werde. Ich habe in den vergangenen Jahren genug Lorbeeren geerntet. Am liebsten würde ich nur noch einer leichten Arbeit nachgehen und ansonsten einfach das Leben genießen. Wer mich extrem enttäuscht ist mein alter Freund Fred. Wir waren jahrelang beste Freunde und haben echt viel zusammen durchgemacht. Er meldet sich mittlerweile gar nicht mehr bei mir, was mich sehr traurig stimmt. Ich werde nie die Zeiten vergessen, als wir gerade achtzehn Jahre alt waren und an den Wochenenden öfters mal zum Zelten gefahren sind, oder als wir einmal in Frankfurt, nichts ahnend, in einem Bordell gelandet sind. Ich vermisse die guten alten Zeiten sehr. Auch die Zeit, in welcher ich Adam (mein ehemaliger Fahrlehrer, bei welchem ich meinen Motorradführerschein gemacht habe) zu meinen engsten Freunden zählen durfte. Ich habe die Zeit mit ihm und dem von uns gegründeten Motorrad-Club sehr genossen. Manchmal, aber gerade jetzt, als ich über alles sehr intensiv nachdenken muss, würde ich gerne die Zeit zurückdrehen, um das alles noch einmal, aber dieses mal intensiver genießen zu können. Einige Dinge würde ich sicherlich anders machen, aber der größte Teil war eigentlich OK so wie es war. Auch unsere Kurztrips mit den Harley's nach Faak am See oder nach Pulmann-City habe ich in vollen Zügen genossen. Wie gerne würde ich dies alles noch einmal tun. Wer weiß aber schon, was noch alles auf mich zukommen wird ? Ich hatte gerade eine riesen Diskussion mit Timo gehabt. Dabei ging es lediglich um eine unbedachte Aussage von mir: „Mittlerweile denke ich mir nichts mehr dabei, wenn Elli mir die Haare schneidet, bzw. ich sehe das als neutral an": Ich habe mir wirklich nichts bei dieser Aussage gedacht. Timo hat aber gleich versucht mich auf das Wörtchen „mittlerweile" fest zu nageln. Da ich mir absolut nichts dabei gedacht habe, konnte ich ihm darauf auch keine Antwort geben. Ich hatte mir da auch früher nichts dabei gedacht. Ich habe aber sehr wohl bemerkt, dass ich solche Diskussionen nicht mehr führen kann. Diese bringen mich sehr schnell an meine Grenzen. Ich habe sofort Schweißausbrüche bekommen und war bis auf die Unterwäsche durchnässt. Kann es wirklich sein, dass meine Belastungsgrenze so niedrig geworden ist ? Ich hoffe doch sehr, dass sich dies bald auch wieder ändern wird. Aber hier hat sich nun auch die Wirksamkeit der Medikamente gezeigt. Noch vor einer Woche wäre ich wahrscheinlich innerlich und auch nach außen hin ausgeflippt, bzw. hätte vollkommen anderes reagiert. In so fern bin ich eigentlich schon mal ganz froh über die neuen Medikamente, welche mich anscheinend doch ausgeglichener machen. Ich finde das durchaus positiv. Jetzt werde ich erste einmal meine Sportübungen machen und danach werde ich meine Tabletten holen gehen. Ich habe mir fest vorgenommen, es einmal zu versuchen, einen ganzen Tag ohne Handy auszukommen. Dies wird mit Sicherheit nicht leicht werden, aber ich denke es wird mir gut tun. Ich werde es einfach einmal versuchen. Ich möchte in der Chefarzt-Visite morgen einmal nachfragen, ob man das eine Medikament von der Dosis her erhöhen kann, oder ob man die Tablette, welche ich Nachts einnehmen muss, nicht auf den Mittag vorverlegen kann. Was nützte mir ein Stimmungsaufhellendes Medikament in der Nacht ? Ich finde die Wirkung sehr gut. Das erste mal seit langem war ich vorhin auf dem Balkon gesessen und in mir machte sich ein Gefühl von Zufriedenheit breit. Ich habe das als richtig schön empfunden. Ich werde da morgen einfach einmal nachfragen. Jetzt versuche ich aber erst einmal etwas zu schlafen. Wahrscheinlich werde ich so wie so wieder um drei Uhr Morgens wach und gehe nach draußen zum Rauchen. Hier im Zimmer ist es wieder mal viel zu warm. Morgen habe ich auch wieder Psychotherapie. Ich mag die Gespräche mit meiner Psychologin und sie tun mir wirklich sehr gut. Dieser Frau kann ich mich ganz ohne Sorgen und unbeschwert öffnen.

12.8.2015

Unsere Station leert sich im Moment von Tag zu Tag immer mehr. Bei der Chefarzt-Visite ist dies ein Vorteil, weil man nicht mehr so lange warten muss, bis man an der Reihe ist. Manchmal ist man richtig gespannt darauf, wer wohl als nächstes entlassen wird. Ich muss noch bis Ende August hier durchhalten, aber das werde ich auch noch schaffen. Ich wünsche mir, dass ich bis dahin so stabil bin, dass ich guten Gewissens gehen kann. Ich hole mir jetzt erst einmal einen Kaffee. Vielleicht klappt es ja auch mit einer Urlaubsreise, wenn ich hier raus komme ? Das wäre schön. Am liebsten wäre mir, dass ich dann erst einmal zwei Wochen zu Hause bin, wieder zu mir finden kann und dann irgendwo hinfahren. Vielleicht sogar ein Kurztrip auf einem Kreuzfahrtschiff ? Heute bin ich total müde. Die letzte Nacht war nicht gut. Ob mein Bruder Basti heute noch kommt ? Wäre wirklich gut, da ich dringendst frische Unterwäsche benötige. Ich denke, dass es heute wieder so heiß wird, wie in den letzten Tagen. Ich habe nichts gegen die Hitze, im Gegenteil, ich liebe den Sommer, aber wenn es im Zimmer so warm ist, dass man schon beim bloßen sitzen schwitzt, dann finde ich das schon extrem, denn es gibt nirgends eine kleine Abkühlung. Auf mein Handy zu verzichten klappt leider doch nicht, aber ich versuche es so wenig als möglich zu verwenden. Um elf Uhr habe ich heute meinen Gesprächstermin mit meiner Psychologin. Ich denke ich werde heute einmal die Sache mit meinem Bruder Michael direkt ansprechen. Eigentlich müsste ich stinksauer und gekränkt wegen der Sache mit Michael sein. Nicht nur wegen der Tatsache allein, sondern auch welchem gesundheitlichem Risiko ich damals ausgesetzt war. Michael war ja zum damaligen Zeitpunkt an Hepatitis-B erkrankt. Wir haben in der heutigen Sitzung fast ausschließlich über Michael gesprochen. Ich finde immer weniger Worte, welche meine Wut und meine Enttäuschung zum Ausdruck bringen könnten, über das was er mir und letztendlich auch meiner ganzen Familie angetan hat. Können Drogen eine Person tatsächlich so dermaßen im Griff haben, dass alles andere ausgeblendet oder beiseite geschoben wird ? Kann es sein, dass man durch Drogenkonsum nicht mehr wahrnimmt, was man seiner gesamten Umwelt antut und zumutet ? Würde er heute noch leben, dann würde ich ihm genau diese Fragen stellen wollen. Es ist schon seltsam, dass von meiner Familie niemand so durch die Höllen gehen musste wie ich. Wenn es ein Leben nach dem Tod gibt, dann hoffe ich, dass er seine Fehler einsieht und das diese ihm auch leid tun. Aber trotz allem liebe ich ihn. Er ist und bleibt mein Bruder. Genauso halte ich es auch mit meinem Vater, auch wenn sein Verhalten eigentlich nicht zu entschuldigen ist. Er sagte ja kurz vor seinem Tod noch, dass er alles wieder genau so machen würde. Hier stellt sich mir wieder die Frage, ob wir, ich und mein Bruder Basti, ihm es nicht Wert gewesen wären um sein Leben zu kämpfen ?

Der Tag morgen wird sicher sehr anstrengend für mich werden. Außerdem habe ich etwas Angst vor dem

Ausgang der Untersuchungen in der HNO-Klinik. Muss ich wirklich auf beiden Seiten des Kopfes operiert werden ? Ich hoffe es nicht. Vielleicht muss ich ja auch gar nicht operiert werden ? Das wäre für mich natürlich der Idealfall. In der heutigen Sitzung sollte ich eine Erinnerung von früher beschreiben. Mir kam als erste Erinnerung der letzte Abend mit Michael in den Sinn. Ich weiß noch genau das ich ziemlich angefressen war, als er mich am Abend aus unserem gemeinsamen Zimmer geschickt hat. Er kam kurz darauf noch einmal in das Wohnzimmer. Basti schenkte er einen Video-Film; den Film „Free Willy", dann nahm er sich noch ein Stück von dem gegrillten Hähnchen, welches auf dem Wohnzimmertisch meiner Eltern stand und ging wieder in unser Zimmer. Das war das letzte mal, dass wir ihn lebend zu Gesicht bekamen. Als meine Mutter dann spät Abends zu ihrer Nachtschicht in die Tankstelle wollte (sie war dort Kassiererin), wollte sie sich noch von Michael verabschieden, aber sie fand ihn nur noch leblos in unserem Zimmer auf. In die Hocke gekrümmt, mit dem Gesicht auf dem Boden. Solche Bilder gehen einem nie wieder aus dem Kopf. Vor allem wenn man gerade einmal dreizehn oder vierzehn Jahre alt ist, brennen sich einem solche Bilder gerade zu in den Kopf ein. Ich habe jahrelang nicht mehr daran gedacht, höchsten ab und zu einmal unbewusst, aber seit dem ich hier bin hört das nicht mehr auf. Manchmal wünscht man sich wirklich einfach eine Leitung nach oben, oder wohin auch immer. Ich hätte beiden noch so vieles zu sagen gehabt. Wir oft habe ich beide, wenn es mir richtig schlecht gegangen ist, um Hilfe gebeten ? Aber dies blieb mir immer versagt. Genau so wie mir in meiner Entwicklung der Vater versagt geblieben ist, den ich sehr oft gebraucht hätte. Aber da mein Vater ja nicht mehr lebte, verlief die Entwicklung meines Lebens eben wie gehabt: ich habe mich durch alle Probleme selbst durchkämpfen müssen und war mein eigener Ratgeber. Im Nachhinein war es für mich sehr schlimm ohne Vater aufzuwachsen. Diese Rolle konnte auch Gerald, der zweite Ehemann meiner Mutter, nicht ausfüllen. Hätte mein Leben mit Vater eine andere Entwicklung durchlebt ? Das glaube ich nicht, aber es wären manche Situationen mit Sicherheit einfacher zu bewältigen gewesen. Eigentlich, und das stelle ich mit Erschrecken fest, waren meine Eltern in den wichtigen Situationen oder Lebenslagen eines jungen Mannes nie wirklich für mich da. Das beginnt schon bei Kleinigkeiten wie Elternabende bis hin zu den Abschlussfeiern an den Schulen. Gerade hier wäre es mir wichtig gewesen wenigstens einen Elternteil dabei gehabt zu haben. Dies war aber leider nie der Fall. Und so musste ich vieles, eigentlich das meiste in meinem Leben, alleine stämmen. Meine Mutter sieht das bis zum heutigen Tage nicht ein. Sie sagt immer (und ich gehe fest davon aus, dass sie das selbst auch glaubt): „ich war und bin immer für euch da". Ich kann nicht verstehen, dass sie so dermaßen ihre Augen vor der Realität verschließt. Für Michael war sie immer da, dass stimmt. Michael war auch ein Mensch, der stets auf die Hilfe anderer Menschen angewiesen war, da er sein Leben selbst nie im Griff hatte. Das kam zum überwiegenden Teil aber durch seine Drogensucht. Diese scheiß Drogensucht, welche unsere Familie für immer verändert und geprägt hat. Wenn man einmal betrachtet, wie Michael sich eigentlich körperlich zur Wehr setzen konnte, wenn es sein musste. Aber im Umkehrschluss war es so einfach ihn zu beeinflussen. Unsere Mutter hatte sich ganz enorm für Michael aufgerieben, dass ihr schlichtweg die Kraft und die Nerven für alles andere fehlte. Ich würde ihr daher auch nie einen direkten Vorwurf machen. Sie hat so gehandelt, wie jede gute Mutter handeln würde. Lediglich unser Vater wählte den einfachen, den feigen Weg und raubte unserer Familie und vor allem unserer Mutter den letzten Rest an Nerven und Kraft. Aber ich hielt treu und mutig weiterhin die Fahne nach oben und marschierte weiter durch das Leben ohne zurückzublicken. Dies führte alles sicherlich auch ein großes Stück dazu, was ich heute bin (oder wo ich gerade bin). Ich denke, daher kommen heute auch meine Aggressionen gegen Menschen, welche sich hängen lassen. Ich ertrage es einfach nicht, wenn Menschen sich durch vorgespieltes Leid in den Vordergrund drängen und nach Mitleid schnappen. Diese Tendenzen hatte die Mutter unserer Mutter. Ich kann so etwas nicht nachvollziehen und bei mir kommt da kein Mitleid auf, sondern ehr die blanke Wut. Ich muss doch nicht nur um Anerkennung oder Aufmerksamkeit zu bekommen mit meiner Gesundheit freveln. Ich wäre froh, wenn ich kerngesund wäre und würde dem lieben Gott dafür auf meinen Knien danken. Das Leben ist doch manchmal eh schon schwer und kompliziert genug. Ich sehe das hier tagtäglich. Man wird hier schmerzlich, jeden Tag aufs neue, daran erinnert, wenn man die Schreie der Patienten eine Station unter uns hört oder wenn man mit ansehen muss, wenn wieder ein neuer Patient unter Polizeischutz eingeliefert wird. Manchmal sind das so schlimme, bis ins Mark erschütternde Schreie, welche ich den Rest meines Lebens nicht mehr vergessen werde. Auch die zwei Tage, welche ich nach meiner Einlieferung auf der geschlossenen Station (U19) verbringen musste haben mich bis ins Mark getroffen. So schlimm es dort auch war / ist, empfinde ich dennoch mit diesen Menschen tiefstes Mitleid, da die meisten dieser Menschen den Rest ihres Lebens in solchen Einrichtungen verbringen werden. Ich glaube, bzw. ich bin mir sicher, dass ein Aufenthalt in einem Gefängnis dagegen wie ein Hotelbesuch wirken muss. Ich möchte dies auf jeden Fall nie wieder erleben müssen. Was wäre wenn doch ? Ich glaube dann würde ich wirklich verrückt werden. Ich werde nie den Gestank, die verdreckten Wände und die kargen Zimmer auf dieser Station vergessen. Das Pflegepersonal dort war aber auch absolut lobenswert. Sie waren alle sehr nett und freundlich zu mir und ich habe vor ihrer Arbeit den allergrößten Respekt. Ich glaube nicht, dass ich diesen Beruf ausüben könnte. Wie schon geschrieben, mir haben die zweit Tage als „Insasse" dort völlig ausgereicht. Ob ich eine Wut auf den Richter habe, welcher die Verfügung für meine Einweisung erlassen hat ? Nein ! Dieser Mann hat nur seine Pflicht ausgeübt, welche in diesem Moment daraus bestanden hatte, mich vor mir selbst zu schützen. Mir stellt sich die Frage, wenn ich nicht eingewiesen worden wäre, ob ich auch noch einen dritten Versuch unternommen hätte ? Man sagt ja immer „alle guten Dinge sind drei". Ich gehe einmal sehr stark davon aus, dass ich dies nochmals getan hätte. Ich bin mittlerweile fest davon überzeugt, dass es der absolut richtige Weg war, mich hier her bringen zu lassen. Diese Selbsterkenntnis ist zwar sehr hart, aber leider die Wahrheit. Ich glaube, wenn Basti und Timo nicht so bedingungslos zu mir stehen würden (was mir unwahrscheinlich starken Halt gibt), dann hätte ich wahrscheinlich wieder irgendeine Dummheit begangen, welche mich dann, zumindest bei einem misslungenen Versuch, auf die geschlossene Station gebracht hätte (Ich denke dann aber länger als nur für zwei Tage). Es musste zwangsläufig einfach so kommen wie es eben kam. Ich glaube kaum, dass mir irgendjemand geglaubt oder es gar toleriert hätte, wenn ich offen gewesen wäre und gesagt hätte: „Leute, ich kann nicht mehr". Nachdem ich aber all die Monate den Karren immer und immer wieder sprichwörtlich aus dem Dreck ziehen musste, dann auch immer wieder mit den nicht enden wollenden privaten Problemen zu kämpfen hatte (sei es mit David, Timo, etc.), mit Marina, die wirklich sehr aufdringlich wurde (gleiches gilt für Elli) oder einfach auch die Probleme und Sorgen mit unserer Mutter, war der Akku einfach komplett leer. Auch die Situation mit Manuel, meinem jüngsten Sohn, der einfach nicht in die Schule gehen wollte und außerdem nie auch nur ein bisschen auf sein Äußeres geachtet hat, hat mir extrem zugesetzt. All das und meine bewegte Vergangenheit führten letztendlich und schlagartig dazu, dass meine „Lebensakkus" mehr als nur leer geworden sind. Mir kam es fast vor, wie ein plötzlicher Systemausfall nach dem der Blitz in die Leitung gefahren ist. Nun muss ich darauf achten, dass ich mein System langsam wieder hochfahre und meine Akkus wieder aufladen kann. Wie lange das dauern wird und ob nicht noch einmal etwas passiert, kann ich nicht sagen. Ich bemerke zwar, dass ich mich langsam erhole, aber ich merke auch, dass ich hierfür noch einiges an Zeit brauchen werde. An meinen ersten Suizidversuch kann ich mich kaum erinnern, selbiges gilt für den zweiten Versuch, welchen ich drei Tage später unternommen habe. Das kann man sich vorstellen wie einen Text auf einem Blatt Papier, auf welchem jemand einfach einzelne Textstellen ausradiert hat. Man kann es auch mit einem Filmriss vergleichen. Jedenfalls sind fast alle Erinnerungen daran weg. Ich frage mich immer noch bei manchen der Damen hier auf Station, warum diese überhaupt hier sind. Sie können den ganzen Tag lachen und Quatschen. Überspielen sie damit nur ihr eigentliches Leid oder fühlen sie sich nur gut, wenn sie meinen, dass es ihnen schlecht geht ? Ich blicke da nicht mehr so ganz durch. Ich gehe mittlerweile zu den allermeisten ganz bewusst auf Abstand. Zum einen, weil mich dieses ständige gequatsche einfach nervt und zum anderen, weil ich einfach nicht weiß wem ich hier wirklich mein Vertrauen schenken kann. Ich bin über die letzten Jahre ein sehr misstrauischer Mensch geworden, aber dennoch konnte ich nie klare Grenzen setzen und dies führte auch dazu, dass ich immer wieder an die falschen Menschen geraten bin und mich hierdurch auch leicht habe ausnutzen und aussaugen lassen. Ich denke das wird einer der wichtigsten Punkte in meinem Leben, die ich verändern muss um nicht vor die Hunde zu gehen. Zu anderen habe ich eigentlich nie „Nein" gesagt, auch wenn dies bedeutet hat, dass ich sprichwörtlich mein letztes Hemd gegeben habe. Hätte ich öfter einmal „Nein" gesagt, dann würde es mir heute auch finanziell weitaus besser gehen, aber ich war ja lieber immer für die anderen da. Es ging ja teilweise schon so weit, dass ich ein schlechtes Gewissen bekommen habe, wenn ich mir selbst einmal etwas gegönnt habe. Irgendwie war das ganz eindeutig der falsche Weg, welchen ich beschritten habe. Ich habe dadurch Raubbau an mir selber und meiner Psyche betrieben. Naja ? Wer weiß ? Vielleicht bekomme ich das aber irgendwann einmal alles gedankt ? Ich mag nur leider selbst nicht so ganz daran glauben. Zu groß sind dafür die menschlichen Enttäuschungen welche meinen Weg gepflastert haben. Zum Beispiel Samael. Samael habe ich fast vergöttert, wie eine Vaterfigur. Als er mich einmal um tausend fünfhundert Euro für eine Freundin fragte, welche das Geld dringend brauchte um ihre Steuerschulden zu bezahlen, habe ich nicht eine Sekunde gezögert und ihm das Geld gegeben. Und heute ? Heute habe ich leider keinen Kontakt mehr zu ihm, was mich unwahrscheinlich schwer getroffen hat. Das Geld habe ich auch nie wieder gesehen. Aber so zieht sich dieses „Geben", von meiner Seite aus, durch mein gesamtes Leben. Nicht einmal die eigene Familie hat davor haltgemacht mir in die Taschen zu fassen. Ich denke da zum Beispiel an meinen Cousin Harry, der mir mit Lügengeschichten fast zehntausend Euro (über einen gewissen Zeitraum) aus den Knochen geleiert hatte. Oder Kevin und Tamara, welche ich jahrelang finanziell mit durchgezogen habe. Aber nicht nur finanziell. Die beiden haben die letzten Jahre noch nicht einmal ein eigenes Auto gebraucht. Warum ? Weil ich so blöd war und habe ihnen ständig eines gegeben. Ich bin aber an all dem selber Schuld. Diese Dinge zu ändern wird für mich sehr sehr hart werden, da es eigentlich eine meiner größten Eigenschaften war: Das Geben. Aber ich glaube, dass jetzt die Zeit gekommen ist, in welcher mir nichts anderes übrig bleibt, als auch einmal zu nehmen. Mir Zeit nehmen für mich selbst, mir einfach auch einmal etwas gutes zu tun und nicht immer Rücksicht auf die anderen nehmen. Die anderen kommen auch mal ganz gut ohne mich zurecht. Ich muss nicht immer der Fels in der Brandung sein. Es wird endlich einmal Zeit, dass ich auch glücklich werden kann. Aber dieses Glück muss ich mir wohl selber verschaffen und zwar auf allen Ebenen meines Lebens. Ich denke, dass in einigen Angelegenheiten und Lebenslagen, wohl die Zeit für mich arbeiten wird. Ich hoffe es zumindest, da es Dinge in meinem Leben gibt, welche ich im Moment nicht entscheiden kann. Vielleicht nimmt mein Leben ja jetzt genau die Wendung, welche ich verdient habe, ob dies nun positiv oder negativ sein wird, bleibt abzuwarten. Aber ich bin der Meinung, dass ich auch endlich einmal Glück, Spaß und Freude verdient habe. Was nicht heißen soll, dass ich ab jetzt auf den Putz hauen werde. Nein, das sicher nicht, aber ich möchte dennoch das Leben noch etwas genießen können. Vielleicht möchte ich auch einfach mal das Kind in mir wieder spüren können und einfach leben. Ich habe keine großartige Kindheit gehabt, diese Zeit ist verloren, aber ich würde trotzdem gerne noch einmal das Gefühl haben. Dieses Gefühl habe ich meistens auf Rummelplätzen oder in Freizeitparks oder wenn ich mal in einer anderen Stadt in einem Hotel schlafen darf. So bald ich hier raus bin, werde ich als erstes auf den Friedhof zu Michael und Papa fahren, um ihnen an ihrem Grab zu verzeihen. Danach werde ich mir meine Kinder schnappen und ein paar Freizeitparks besuchen. Ich denke das werde ich auch brauchen. Für mich waren die Besuche in Freizeitparks und auf Volksfesten immer der Versuch wieder frei atmen zu können und einfach einen ganzen Tag lang unbekümmert und frei zu sein. Ich habe dieses Gefühl geliebt und möchte es wieder haben. Manuel hat mir mit seiner Aussage, dass ich ja die ganzen Sommerferien weg bin, schon ein bisschen ein schlechtes Gewissen gemacht. Ich hoffe aber, dass er verstehen wird, dass ich diese Hilfe hier brauche. Ich finde es nur nach wie vor sehr schade und schmerzhaft, dass er sich gar nicht bei mir meldet. Mein Sohn Malcolm schreibt mir wenigstens ab und zu einmal, dass er mich lieb hat und mich vermisst. Ich hoffe sehr, dass Manuel da genau so fühlt und dass sein Verhalten nur darauf beruht, dass er es nicht so zeigen kann, was er gerade empfindet. Ich liebe meine Kinder wirklich über alles auf der Welt. Ohne meine Kinder wäre ich definitiv nicht mehr auf dieser Welt.

13.8.2015

Heute Morgen war ich schon ziemlich früh beim Frühstück. Ich denke es war so gegen sieben Uhr. Um neun Uhr und dreißig Minuten holt mich mein Bruder Basti ab und fährt mich in die HNO-Klinik zu meiner Untersuchung. Ich hoffe ja immer noch, dass ich um eine Operation herum komme. Timo wird dort heute auch sein. Ich freue mich schon sehr ihn zu sehen. Ich vermisse seine körperliche Nähe sehr, aber leider haben wir zur Zeit keinerlei Privatsphäre. Aber die Zeit, bis wir wieder mehr gemeinsame Stunden miteinander verbringen können, ist ja absehbar. Ich bin auch einmal gespannt, wie sehr sich mein körperliches Erscheinungsbild hier drin noch verändern wird. Bis zum heutigen Tag sind bereits sieben Kilogramm herunter und ich mache noch nicht einmal eine Diät. Einerseits finde ich das gut, aber auf der anderen Seite ist meine mühsam antrainierte Masse nun quasi nicht mehr vorhanden. Die Pünktlichkeit meinen Bruderherz ist mal wieder typisch, ich rege mich aber jetzt nicht darüber auf. Auch das muss ich noch lernen, dass sich manche Dinge einfach nicht ändern lassen, auch dann nicht, wenn ich mich darüber aufrege. Meine Ärztin hat die Visite heute bei mir ebenfalls vorgezogen, aber hier war alles im grünen Bereich. Ich gehe jetzt schon einmal nach vorne (in die Nähe des Schwesternzimmers) und warte auf Basti. Mal sehen wann er kommt.

Ich komme gerade zurück aus der HNO-Klinik. Für mich war das sehr anstrengend, was ich nicht gedacht hätte.

Leider ist es nun so, dass ich erneut operiert werden muss. Der Termin steht auch schon fest. Ich werde am vierundzwanzigsten September stationär aufgenommen. Da muss ich jetzt wohl oder über einfach durch. Ich hatte zwar noch bis zuletzt gehofft, dass ich einer Operation entgehen kann, aber dieses Glück war mir wohl nicht gegönnt. Ich fand es aber schön, dass Timo und mein Bruderherz mit dabei waren. Von Timo habe ich einen richtig schönen Schreibblock in Buchform bekommen. Darüber habe ich mich sehr gefreut. Auch die Zärtlichkeiten, welche er mir auf der Rückfahrt schenkte, haben mir sehr gut getan. Ich bete wirklich zu Gott, dass er mir treu bleibt. Ich liebe ihn unendlich. Blöderweise ist mein Handy heute heruntergefallen und seitdem ist dieses kaputt. Jetzt hoffe ich, dass Basti mir schnell ein neues Handy besorgen kann. Ohne dieses blöde Ding fühle ich mich total aufgeschmissen. Daran sieht man einmal mehr, wie abhängig wir Menschen von der modernen Technik geworden sind. Wenigstens kann ich noch Nachrichten empfangen und einigermaßen lesen. So habe ich aber auch mehr Zeit zum schreiben. Wenn mir eines in der letzten Zeit richtig gut getan hat, dann war es das Schreiben. Wenn die Gedanken nicht im Kopf eingesperrt bleiben, sondern auf so eine einfache Art und Weise zum Ausdruck gebrachten werden können, ist das ein sehr befreiendes Gefühl. Mein Bruder Basti hat mir heute von seiner Idee eines Benefiz-Konzertes erzählt. Ich finde dies eine klasse Idee. Ich hoffe, er hat mit seiner Art der Umsetzung mehr Erfolg, als ich es damals hatte. Ich hatte vor Jahren schon einmal eine ähnliche Idee, welche aber an den behördlichen Auflagen scheiterte. Ich habe ihn heute nochmals darum gebeten meine Harley-Davidson zu verkaufen. Mir geht es dabei weniger um das Geld, als mehr darum, dass mir diese ganzen weltlichen Güter, diese sogenannten Statussymbole nichts mehr bedeuten. Ich möchte das eingesparte Geld lieber dazu nutzen mehr Zeit mit den Menschen zu verbringen die mir gut tun. Das ist in meinen Augen viel wertvoller, wenn nicht sogar unbezahlbar. Ich bin mein ganzes Leben immer diesem Luxus hinterher gelaufen, aber damit muss einfach schluss sein. Es gibt so viele Dinge die weitaus wichtiger sind. Ich freue mich schon darauf wieder mit dem Leben anzufangen, bzw. stellt sich mir gerade die Frage, ob ich überhaupt jemals richtig gelebt habe. Ich freue mich darauf zu erfahren, wie es sich anfühlt zu leben. Aber komme ich dann mit diesem neuen Gefühl der Freiheit überhaupt zurecht ? Schaffe ich es überhaupt mich unbekümmert um mich selbst zu kümmern, ohne dass es nach außen hin egoistisch wirkt ? Oder mache ich mir darüber gerade einfach einmal wieder zu viele Gedanken ? Es ist wirklich nicht einfach für mich meinen Kopf und meine Gedanken einfach einmal still und ruhig zu halten. Ständig schießen mir irgendwelche Gedanken durch den Kopf. Ich kann das einfach nicht mehr kontrollieren, geschweige denn anhalten. Aber so wie es scheint, bin ich nun einmal ein sehr extremer Kopfmensch. Manches mal wünsche ich mir die Leichtigkeit des Denkens, wie diese zum Beispiel bei David vorkommt. David ist ein Mensch, der im Jetzt und Hier lebt und das was morgen kommt, interessiert und belastet ihn nicht wirklich. Manchmal finde ich das schon beneidenswert. Timo hingegen ist auch ehr ein Kopfmensch. Zwar ehr unstrukturiert, aber dennoch sehr in seiner Gedankenwelt versunken. Bei mir kommt dann noch immer das Streben nach Genauigkeit und Perfektion ins Spiel. Ich weiß zwar, dass das nicht immer möglich ist, aber ich versuche trotzdem in all meinem Tun immer einhundert und zehn Prozent zu geben. Diese Art hat mir im letzten Jahr auch sehr zugesetzt. Vielleicht wäre es manchmal besser gewesen, wenn ich schon ehr mal den Fuß vom Gaspedal genommen hätte. Man, was war ich teilweise für ein Idiot. Mit Champagner und Reichtum geprahlt, nur um von Außen Wertschätzung und Aufmerksamkeit zu bekommen. Aber ich wäre damals niemals auf die Idee gekommen, dass auch dieses Verhalten ein Stück weit meine seelische Gesundheit zerfressen hat. Aber nun hat mich die Realität mit riesengroßen Schritten eingeholt. Aber ich habe auch viel aus der jetzigen Situation gelernt. Ich kann nicht immer nur für andere da sein. Ich muss in Zukunft viel mehr auf mich achten und vielleicht muss ich auch einmal zulassen, wenn andere mir etwas gutes tun möchten. Ich hoffe für mich selbst, dass ich diese Gedankengänge später auch in die Tat umsetzen kann. Vielleicht melde ich auch ein neues Gewerbe mit einer speziellen Trauerdruckerei an ? Ich könnte und möchte noch so viele Dinge in meinem Leben tun. Ich stelle mir gerade die Frage, warum ich dies nicht einfach tue ? Was hindert mich daran ? In erster Linie ich selbst mit meiner Querdenkerei und meinen negativen Gedanken. Ich sollte, bzw. muss mir in Zukunft eine gewisse Leichtigkeit aneignen, welche mir bis jetzt noch in meinem Leben fehlt. Ich habe einfach große Angst davor, dass mir so etwas, weshalb ich jetzt hier bin, noch einmal passieren könnte. Ich weiß auch nicht, wenn ich so etwas noch einmal tu sollte, wie oft oder wie viel mein Körper noch aushält. Der jahrelange Raubbau an meinem Körper trägt sein übriges dazu bei. Ich muss meine persönliche Zukunft komplett neu gestalten, wenn ich nicht wieder in diesen Sog der negativen Gedanken und der grauen Welt gelangen möchte. Teilweise löst die neue Medikation in mir ein sehr euphorisches Gefühl aus. Ich muss deshalb aufpassen, dass ich nicht wieder zu schnell zu viel von mir erwarte und umsetzen möchte. Alles schön langsam, eines nach dem anderen. Alles wird gut.

Im Herbstlicht deiner Augen Glanz
Verloschen, trüb und starr
Verfolgen der Blätter Todestanz
Du fühlst dich einfach sonderbar.

Eine große Leere macht sich breit
Die Gedanken irren umher
Rieseln herab, als ob es schneit
Fliegen davon ohne wiederkehr.

Du willst das Leben von dir lassen
Und blendest alles aus
Am Ende kannst es du nicht fassen
Du hast die Welt noch nicht verlassen.

Manchmal bin ich selbst darüber erstaunt, wie mein Gehirn arbeitet. Manchmal spuckt es Gedanken ganz willkürlich und durcheinander aus mir heraus und manches mal sitze ich nur stumm da und weiß gar nichts, bzw. fühle dann diese Leere. Arbeitet mein Kopf zu viel ? Ich glaube definitiv ja und das ist auch oft mein Problem. Ein großes Ziel habe ich mir jedoch gesetzt. Ich möchte mindestens zwei Bücher veröffentlichen. Zum einen jenes hier, an welchem ich täglich arbeite und zum anderen eine Sammlung an Gedichten und Sprüchen welche ich im Laufe meines Lebens bereits geschrieben habe. Die meisten davon sind in jenen Zeiten entstanden, wenn es mir nicht gut ging. Ich möchte mir in Zukunft auch keine Gedanken mehr darüber machen müssen, wie ich mit Marina oder Elli umzugehen habe. Die beiden müssen einfach verstehen, dass sie als gute Freundinnen jeder Zeit einen festen Platz in meinem Leben haben, aber auf keinen Fall mehr als das. Dieses Thema belastet mich schon viel zu lange als das ich das noch weiter zulassen könnte. Ich finde es schade und sehr traurig, dass jedes mal wenn man auf eine der beiden Damen einen Schritt zugeht, diese sich gleich etwas darauf einbilden. Das muss auf jeden Fall aufhören, ansonsten muss ich für mich die Konsequenzen daraus ziehen und den Kontakt zu beiden abbrechen; so leid mir dies auch tun würde. Ich selbst muss aber auch langsam damit beginnen meine krankhafte Eifersucht in den Griff zu bekommen Zumindest ein wenig. Teilweise hat nur ein Blick einer anderen Person genügt, um mich komplett aus der Fassung zu bringen. Das hat mir nie gut getan und schadet auch jeder Form der Beziehung und das möchte ich auf gar keinen Fall.

Der Blick geht weit in die Vergangenheit
Getrübt durch grauer Wolken Schleier
Angst und Kälte machen sich breit
Was du dort siehst macht dich nicht freier.

Angst, Leid und Mitleid du siehst
Die blanke Wut steigt in dir auf
In Gedanken du dem Frieden entfliehst
Du drehst dich um „wach endlich auf".

Kann man den Prozess seiner eigenen Gedanken kontrollieren ? Für mich glaube ich nicht das dies funktioniert. Aber ich habe gemerkt das ich gerade in solchen Phasen des extremen Grübelns und Nachdenkens immer am kreativsten und am produktivsten bin. Teilweise wird es mir aber schon zu heftig, gerade dann, wenn mein Kopf gar nicht mehr still steht. Zum Beispiel wenn man todmüde im Bett liegt und trotzdem nicht schlafen kann, weil das Gehirn einfach weiter arbeitet. Vielleicht sind solche „Denker" gerade deswegen so gut in ihren Berufen, kommen aber irgendwann an ihre Grenzen und wissen dann genau dieses Problem des Denkens nicht mehr zu kompensieren. So ist es jedenfalls bei mir. Der absolute Break-Down kam dann so plötzlich und so tückisch. In manchen Situationen, was mir ein Warnsignal hätte sein müssen, genügt dann die kleinste

Kleinigkeit und „Boooom" ist der Schalter umgelegt und die Sicherung brennt durch. Hier greifen jetzt bei mir die Medikamente ein; bislang mit Erfolg. Ich fühle mich heute zum ersten mal richtig gut, was aber vielleicht auch am harmonischen Umfeld heute gelegen haben kann (Basti und Timo waren heute hier). Gerade hat es endlich einmal etwas abgekühlt und etwas geregnet. Ich fühle mich gerade wieder erschöpft und total schläfrig, was bestimmt durch die Reizüberflutung von heute kommt. Es sind jetzt beinahe vier Wochen, in welchen ich von fast sämtlichen äußeren Reizen abgeschottet war und dann kam heute die Untersuchung in der Uniklinik Würzburg. Das Wartezimmer war voll von Menschen, die Untersuchung vom Oberarzt und vom Professor, der anschließende Hörtest und dann der Rückweg zum Auto, auf welchem mich sehr viele Reize schon fast überrannt haben. Ich denke mal, dass dies für das erste mal einfach zu viel war, aber dafür ist es mir dann doch ganz gut gelungen damit umzugehen. Ich war trotzdem sehr froh, als ich dann wieder hier in der Klinik angekommen bin und wieder in Watte gepackt wurde. Irgendwie klingt das schon komisch. Jeder normale Mensch vermeidet diesen Ort hier und war tatsächlich froh wieder hier sein zu können. Ich fühle mich zur Zeit hier einfach gut aufgehoben und geborgen. Jetzt mache ich erst einmal meine Sportübungen und dann gehe ich zum Abendessen. Ich bin froh, dass dieses Tag vorbei ist, auch wenn er einigermaßen gut verlaufen ist. Ich muss wirklich sagen, dass ich mit der Klinik hier sehr zufrieden bin, bis auf die Tatsache, dass man hier so gut wie keine Privatsphäre hat. Die Ärzte und das

Pflegepersonal sind wirklich top. Im Moment gehe ich sogar davon aus, dass ich das alles hier ein wenig vermissen werde, wenn ich wieder zu Hause bin. Es ist für mich nur sehr problematisch, dass ich mich im Ernstfall nicht einfach selbst einweisen könnte. In solch einem Fall würde meine private Krankenversicherung nicht für die Kosten aufkommen und ich würde auf den gesamten Kosten selbst sitzen bleiben. Um wieder hier aufgenommen zu werden müsste ich also ein Spiel mit dem Teufel um meine Seele eingehen oder wieder so kaputt sein, dass bei wieder eine Sicherung durchbrennt. Möchte das wirklich ? Ich könnte mich in Zukunft auch als Schriftsteller versuchen. Alleine meine grausame Kindheit würde eine ganzes Buch füllen. Wollen die Menschen so etwas lesen ? Ich denke einen Versuch wäre es wert. Ich werde es auf jeden Fall einmal versuchen. Mir gefällt die Vorstellung, dass ich anderen durch meine Geschichte vielleicht etwas geben kann. Wenn nicht, so hat es wenigstens mir geholten, mir meinen Balast von der Seele zu schreiben. Heute hat meine Vergangenheit nicht so arg an mir genagt, außer zwei Szenarien, welche meinen Vater betroffen haben. In einer meiner Erinnerungen ist es Dezember neunzehnhundertsechsundneunzig. Mein Vater musste in immer kürzeren Abständen ins Krankenhaus und er war schon sehr schwach und von seinen Krankheiten gezeichnet. Es machte mir regelrecht Angst, diesen einst sehr stämmigen und starken Mann so verfallen zu sehen. Ich weiß noch, dass es mir immer schier das Herz in Brust zerrissen hat, wenn ich ihn so leiden sehen musste. Es war also Weihnachten, welches wir seit Jahren endlich einmal ohne geheule (um Michael) und ohne Streit verbrachten. Dadurch das unser Vater für die Feiertage aus dem Krankenhaus heraus durfte, haben wir uns alle vorgenommen uns zusammen zu reißen. Auch aus dem Grund heraus, weil wir alles wussten, dass dies sein letztes Weihnachtsfest sein würde. Auch er wusste das. Was mag wohl in seinem Kopf vorgegangen sein ? Ich versuche mich in seine Lage zu versetzen und mir wird schlecht vor Angst. Wir verbrachten zwei harmonische Tage zusammen und am zweiten Feiertag musste er zurück in die Klinik. Was mir heute noch das Blut in meinen Adern gefrieren lässt, war sein Abschied an jenem Tag. Wir alle haben uns von ihm verabschiedet und als er nach draußen ging, blieb er noch einmal stehen, drehte sich um und blickte noch einmal durch die Wohnung, als würde er geahnt haben, dass es das letzte mal sein würde das er zu Hause bei uns war. Ich habe diese Bilder noch so klar im Kopf, als würde ich das erst gestern erlebt haben. Und dieses Lächeln von ihm werde ich auch nie vergessen. Die zweite Erinnerung spielte sich im Krankenhaus ab. Mein Vater lag in der Uniklinik Würzburg, in Bau achtzehn auf Station Schottmüller. Wann immer mir es möglich war, habe ich versucht meinen Vater zu besuchen. Für mich war dies eine zeitlich sehr eingeengte Zeit. Ich musste ja neben der Berufsschule auch noch an einer Tankstelle arbeiten. Meine damalige Frau war gerade im achten Monat schwanger. Das letzte Mal habe ich meinen Vater zwei Tage vor seinem Tod gesehen. Es wirkte für mich so surreal diesen stattlichen Mann nur noch stöhnend in seinem Bett zu sehen. Die Lungen waren bereits voller Flüssigkeit und er röchelte nur noch. Ich habe dann zu meiner Mutter gesagt, dass sie mir nicht böse sein soll, aber ich konnte diesen Anblick nicht mehr ertragen. Sie verstand dies auch. Heute bereue ich diese Entscheidung zu tiefst. Gerne hätte ich mich noch einmal von meinem Vater verabschiedet. Zwei Tage Später, es war der erste Februar neunzehnhundertsiebenundneunzig, es war gegen sieben Uhr morgens, als ich hörte, wie meine Mutter ein Telefonat angenommen hatte. Es war das Krankenhaus und am Klang ihrer Stimme hatte ich genau gewusst was geschehen war. Das Krankenhaus hatte angerufen um meiner Mutter mitzuteilen, dass unser Vater und ihr Ehemann gerade verstorben war. Selbst diesen Moment hat er noch nach seinem Kopf gestaltet. Er erwähnte immer wieder, dass er einmal alleine sterben würde und wir alle nahmen diese Aussage nicht ernst. Als meine Mutter zu mir ins Zimmer kam, habe ich sie lediglich mit den Worten „ich weiß" empfangen. Ich musste aber nicht weinen, dass kam erst als ich vor dem Sarg meines Vaters stand. Da hatte es mich dann sprichwörtlich gebeutelt und das obwohl ich mir so sehr vorgenommen hatte stark zu sein, allein schon unserer Mutter wegen. Aber nach dem Motto „hinfallen, aufstehen, weiter machen" ging ich meinen Weg dann weiter. Genau so wie ich meinen Weg bei jeder Katastrophe in meinem Leben immer weitergegangen bin. Meine Nierenwerte sind jetzt, Gott sei Dank, im normalen Bereich,also besteht hier schon einmal Entwarnung. Gerade eben war ich in der Leseecke der Station und habe eine Zeitschrift gelesen.

Ich und lesen ? Ich finde das gar nicht mal schlecht. Entdecke ich hier etwa auch ganz neue Seiten an mir ? Vielleicht sollte ich neben dem Schreiben auch einmal ein Buch lesen ? Ich werde es einfach einmal versuchen. Mein Bettnachbar schnarcht seit neunzehn Uhr schon wieder munter vor sich hin. Wie kann man so leben ? Ich verstehe das nicht. Noch nicht einmal in den schlimmsten Phasen meiner Depressionen habe ich mich derart gehen lassen. Furchtbar. Wüsste ich nicht, dass er krank ist, würde ich mit ihm wahrscheinlich den größten Streit anfangen, aber so nehme ich halt dementsprechend Rücksicht auf ihn. Nach dem die Damen nun auch neunzig Prozent des Tages den Balkon für sich in beschlag nehmen, werden die Orte an welchen man etwas Ruhe findet immer weniger. Die Leseecke habe ich hierfür für mich entdeckt. Hier hat man eigentlich immer seine Ruhe. Ich denke, dass ich dort später, nach meinen Sportübungen und einer Zigarette auch wieder hingehen werde. Hier in meinem Zimmer ist es mir schlichtweg zu warm um zu lesen. Nachdem mein Bettnachbar nun auch noch möchte, dass die Zimmertüre geschlossen bleibt, kommt zu der unerträglichen Wärme auch noch der Geruch seiner Körperausdünstungen hinzu. Unerträglich, aber da ich voraussichtlich nur noch zwei Wochen hier bleiben muss, lass ich es halt über mich ergehen. Vor meiner Operation, welche Ende September stattfinden soll, habe ich richtig Angst. Ich hoffe, dass das Aufwachen nicht wieder so extrem schmerzhaft wird, wie bei der ersten Operation. Dieses mal hoffe ich, dass Timo bei mir sein wird wenn ich aufwache. Das wünsche ich mir sehr.

Die Art wie er mich anlächelt löst in mir nach wie vor noch einen Schwarm an Glücksgefühlen aus. Mir fällt gerade eben auf, wie sich im Laufe der letzten Wochen mein Schreibstil verändert hat. Natürlich habe ich all die schlimmen und grausamen Dinge nicht vergessen, aber Dank der Medikamente sehe ich das leichter, bzw. diese helfen mir diese Gedanken auch einmal auf die Seite schieben zu können. Hier muss man wirklich einmal ein Hoch auf die Pharmaindustrie aussprechen. Legal gekaufte Glückseligkeit in Tablettenform.

14.8.2015

Mein Frühstück habe ich hinter mir und habe mich so früh am Morgen auch schon zwei mal geärgert. Zum einen, dass mein Bettnachbar mich einfach so um halb acht geweckt hat und zum anderen wieder über unsere Damen hier, welche wieder einmal den Balkon zu ihrem Eigentum erklärt haben. Noch dazu kommt, dass sie noch nicht einmal beim Frühstück still sein können. Ich finde das furchtbar. Heute ist wieder Chefarzt-Visite, wobei ich denke, dass diese heute relativ schnell von statten gehen dürfte. Ich bin mal gespannt, wann ich das nächste mal Besuch bekomme ? Die Abstände werden ja immer größer. Basti hat mir meine gewünschten Thera-Bänder, welche man zum Training verwenden kann, auch noch nicht gebracht. Würde langsam mal Zeit werden. Heute ist es von den Außentemperaturen einmal nicht so heiß wie die letzten Tage. Das schafft uns allen hier einmal richtige Erleichterung. Gerade im Moment fühle ich mich richtig müde und antriebslos. Am liebsten würde ich jetzt noch etwas schlafen und ich glaube dies werde ich auch tun. Ich spüre diese Müdigkeit eigentlich täglich. Ich denke mal, dass das immer noch die Last der letzten Jahre ist und ich glaube auch, dass das noch einige Zeit in Anspruch nehmen wird, bis sich das bessern wird und bis ich wieder voll leistungsfähig bin. Trotz allem, auch wenn ich mich hier sehr wohl fühle, freue ich mich schon auf zu Hause und das Leben danach. Ich hoffe nur, dass meine Familie dann auch damit umgehen kann. Sollte es finanziell wirklich möglich sein, was ich momentan nicht glaube, würde ich den Ausbau meines Dachgeschosses im Winter beginnen. Zumindest sehe ich dies als langfristige Aufgabe an welche auch Sinn macht. Aber würde ich das auch hinbekommen ? Die heutige Visite habe ich ganz gut über mich ergehen lassen. Irgendwie sind die Visiten immer das selbe. Mein eines Medikament soll ab Sonntag erhöht werden. Die Oberärztin meinte zu mir, dass ich nun langsam lernen müsste, dass ich die Distanz, welche ich hier verwirklicht habe und das Abgeben von Verantwortung, diese Dinge auch „draußen" anzuwenden. Ich gehe davon aus, dass dies nicht leicht für mich wird, aber sicherlich machbar sein wird, bzw. machbar sein muss, um mich nicht wieder zu überfordern. Ich denke ich werde das schaffen und insgeheim freue ich mich schon darauf. Früh morgens, wenn ich meine Tabletten noch nicht genommen habe, merke ich, dass es mir nicht sonderlich gut geht. Ungefähr eine Stunde nach Einnahme meiner Tabletten merke ich dann, wie sich meine Stimmung in eine gewisse Unbeschwertheit und in

131

ein Wohlgefühl verwandelt. Ich finde das richtig schön, dass ich diesen Wandel und die Wirksamkeit so gut bei mir selbst beobachten kann. Ich bin auch mal gespannt, wie sich die Erhöhung der Dosis ab Sonntag bemerkbar machen wird. Ich würde gerne wieder am Sonntag mit meiner Familie (Basti, Luis und meine Kinder) zum Sushi-Essen gehen. Mal abwarten, ob sich das ergibt. Wichtig ist für mich auch, dass ich so schnell es geht ein neues Handy bekomme oder zumindest einen Laptop, so dass ich meine wichtigsten Kontakte pflegen kann. Ich befürchte, dass mir dieser Schreibblock bis zum Ende meines Aufenthaltes nicht ausreichen wird. Den Buchblock, welchen ich von Timo geschenkt bekommen habe, werde ich ausschließlich für Gedichte verwenden, also benötige ich entweder einen neuen Block oder eben meinen Laptop, auch welchem ich dann weiterschreiben könnte. In diesem Fall müsste ich dann aber auch das bereits mit der Hand geschriebene ebenfalls übertragen um nicht durcheinander zu kommen. Ich gehe davon aus, dass ich diesen Block in den nächsten drei Tagen vollendet haben werde. Ich muss unbedingt zu Hause bescheid geben. Ich beginne gerade mich wieder richtig gut zu fühlen. Ich mag dieses Gefühl. Man möchte mehr davon haben, oder man möchte, dass dieses Gefühl immer so anhält. Es ist vergleichbar mit dem Gefühl, wenn man sich auf etwas riesig freut. Das ähnelt auch ein kleines bisschen einer Euphorie. Was mich gerade aber etwas runterzieht ist die Tatsache, dass ich auf meinem kaputten Handy nicht einmal mehr Musik hören kann. Das Display ist genau an der Stelle zerbrochen, an welcher das Symbol für den Musikplayer abgebildet ist. Ich kann auch keine Nachrichten mehr schreiben und Dinge wie Facebook sind auch nur noch sehr eingeschränkt möglich. Mir fällt aber auch auf, dass es mir durchaus auch ganz tut einmal auf das Handy verzichten zu müssen. Mal abwarten, wann mein neues Handy geliefert wird. So langsam bekomme ich, bedingt durch meine Sportübungen, eine richtig athletische Figur. Diese wollte ich zwar nie, ich war immer ehr der Freund von Masse, aber nun ist es halt so. Ich kann dies ja durch mein Training zu Hause wieder ändern. Ich bin nun mal Bodybuilder. Heute gab es Fisch zum Mittagessen. Ich fand es richtig gut, aber wenn ich so in die Gesichter der anderen geschaut habe ? Naja, ein paar haben halt immer etwas zu meckern. Unser Streithammel auf Station war heute auch wieder nur auf Stress aus. Ich verstehe den Kerl nicht. Ein einziges mal möchte ich es erleben, das er zufrieden ist. In letzter Zeit beobachte ich mich dabei, dass ich mein Essen immer recht schnell in mich hinein schlinge. Ich ertrage dieses Gruppenfeeling einfach nicht. Vor allem dann, wenn man Menschen hier mit dabei hat, welchen es eigentlich nicht schlecht gehen dürfte, aber ich denke mal, dass die einfach ihr Selbstmitleid und das der anderen brauchen. Egal, ich muss und werde mich um solche Menschen nicht kümmern. Ich finde es nur deshalb so schlimm, weil diese Menschen anderen einen Platz hier auf Station wegnehmen, die ihn viel dringender brauchen würden. Manchmal, aber vor allem am Abend, wenn ich mir den Nachthimmel ansehe, stelle ich fest, wie schön das Leben doch sein kann. Schön und grausam zugleich. Wenn man auch bedenkt, wie schnell alles vorbei sein kann und unter welch sinnlosen und banalen Umständen so ein Leben manchmal enden kann. Ich habe, was das betrifft, in meiner beruflichen Laufbahn schon so viel schreckliche Dinge sehen und erleben müssen. Eigentlich sollten wir Menschen wirklich jede einzelne Sekunde voll auskosten, denn man weiß nie wann es vorbei sein wird. Ob ich selbst auch noch das Leben zu schätzen weiß ? Das kommt ganz auf den Blickwinkel an, aus dem ich das Leben betrachte. Ich würde sagen, dass das Verhältnis bei mir bei jeweils der Hälfte liegt (wenn man es in positiv und negativ teilen würde). Ich würde auch lügen, wenn ich etwas anderes behaupten würde, denn schließlich habe ich zwei mal versucht mir das Leben zu nehmen und das innerhalb kürzester Zeit. Aber was ich jetzt schon sagen kann ist, dass ich die einfachen, die kleinen Dinge im Leben jetzt wesentlich mehr schätze als früher. Vor allem aber habe ich hier gelernt die Zeit schätzen zu können. Zeit ist etwas was ich nie in großem Umfang für mich hatte. Ich habe erst hier begriffen, was es heißt Zeit zu haben. Auf jeden Fall freue ich mich darauf frei zu sein. Freier in meinen Entscheidungen und freier in meiner Zeiteinteilung. Ich hätte niemals auch nur im Traum daran gedacht, dass mein Leben einmal eine solche Wendung erfahren würde. Ob ich das nun gut oder schlecht finden soll, bleibt mir noch unerschlossen. Auf der einen Seite freue ich mich darauf, was noch alles auf mich zukommen mag, aber auf der anderen Seite war die Neugier, nach dem was am anderen Ende wohl sein wird auch ziemlich groß.

Letztendlich ist es ja anders gekommen, das heißt ich muss jetzt das beste aus dieser Situation machen. Und das werde ich auch versuchen. Mit einem Augenzwinkern betrachtet hört sich das fast so an, als würde ich bald in meinem eigenen Cafehaus Stammgast werden.

Ich gehe eine Straße entlang
Ohne aufzublicken
Erzähl dem Leben was es mich mal kann
Versuche diesmal nicht auszuticken
Immer weiter zieht sie mich in ihren Bann
Ich bleibe stehn und beginne zu nicken.

Ich habe gerade ein wenig Mittagsschlaf gehalten. Jetzt warte ich darauf, dass ich ins Badezimmer kann. Dieses wird gerade wieder einmal von meinem Bettnachbarn in beschlag genommen. Ich denke, dass ich meine Sportübungen verschieben werde und gehe jetzt erst einmal eine rauchen. Ich bin unendlich traurig darüber, dass mein Sohn Manuel sich überhaupt nicht bei mir meldet. Gerade von ihm hätte ich es erwartet, da ich eigentlich dachte, dass wir eine sehr enge Bindung zueinander haben. Anscheinend, so kommt es mir gerade im Moment vor, haben meine Kinder aber ehr eine Bindung zu meinem Geldbeutel aufgebaut, was ich mehr als nur traurig finde. Oder warum melden sie sich dann nicht einfach bei mir ? Ich habe für mich beschlossen, dass ich mich nun auch erst mal nicht mehr bei meinen Kindern melden werde. Jetzt sind sie erst einmal an der Reihe. Ich habe in den letzten Monaten sehr viel mit ihnen unternommen und habe immer versucht ein guter Vater zu sein, aber anscheinend interessiert sie das kein bisschen. Es bricht mir das Herz. Ich denke ich werde sie einfach bei den nächsten Freizeitpark besuchen oder bei den nächsten malen, wenn wir Sushi-Essen gehen nicht mitnehmen. Vielleicht merken sie dann, dass ich nicht nur aus „geben und bezahlen" bestehe. So etwas gab es in unserer Familie eigentlich nie. Gleich ist es wieder Zeit für das Abendessen und dann ist dieser Tag auch wieder vorüber. Vielleicht kann ich morgen wieder mehr schreiben als Heute. Ich hatte heute eine kleine Schreibblockade. Mir ist einfach nichts erwähnenswertes durch den Kopf gegangen.

Die Freiheit der Gedanken
Ob du nah bist oder fern
Geraten schnell ins Wanken
Doch fern bist du ja gern.

Sie drehen sich ja nur um dich
Tag und Nacht, Tagein, Tagaus
Doch seh und spüre ich dich nicht
Ohne dich halt ichs nicht aus.

Meine Seele schreit nach deinem Sein
Tag und Nacht, Tagaus, Tagein
Wann endlich kommst zu mir du wieder
Die Einsamkeit ist mir zu wider.

Ich liebe dich mehr als mein Sein
Tag und Nacht, Tagaus, Tagein.

Das Verfassen von kurzen Gedichten befriedigt mich ungemein. Man kann dadurch seine Gefühle auf kreative Art und Weise zum Ausdruck bringen. Manchmal sprudeln die Ferse nur so aus mir heraus. Vielleicht schaffe ich es ja auch einmal einen ganzen Liedtext zu schreiben ? Ich hatte auch früher schon oft diese Ambitionen zu schreiben, nur leider fehlte mir immer die Zeit dazu und wenn ich früher die Zeit dazu hatte, dann hatte ich meistens kein Lust dazu oder war teilweise so ausgebrannt, dass einfach nichts aus mir herauskam. Seit dem ich hier bin versuche ich möglichst wenig an die Arbeit zu denken, was mir gerade am Anfang nicht leicht gefallen ist, aber von Woche zu Woche wurde es besser. Ich hoffe, dass ich dies so in dieser Form beibehalten kann. Ich möchte mich nicht nochmal beinahe kaputt arbeiten. Alles andere wird die Zeit mit sich bringen. Ich würde mich sehr freuen, wenn meine Mutter sich auch langsam fangen würde. Vielleicht wäre es auch für sie gut, wenn sie sich einen guten Therapeuten suchen würde. Ich finde es höchst erstaunlich, wie sich die Sicht auf manche Dinge ändert, wenn man erst dazu gezwungen wird, den Gang herauszunehmen und sich mit sich selbst zu befassen. Manche Dinge, die zum Beispiel im Betrieb derzeit laufen, hätte ich früher niemals so hingenommen. Aber ich habe meinem Bruder Basti die Generalvollmacht erteilt, somit ist er verantwortlich. Ich vertraue ihm zu einhundert Prozent und weiß, dass er seine Sache gut macht. Ich werde jetzt zum entspannen noch etwas auf den Balkon gehen, wenn dieser nicht schon wieder durch die Damen besetzt ist.

15.8.2015

Es ist jetzt fast sieben Uhr und es sind noch immer keine Brötchen zum Frühstück geliefert worden. Heute scheint der Tag etwas kühler zu werden. Ich habe ziemlich bescheiden geschlafen, war mindestens zwei mal zum rauchen auf dem Balkon und habe ein T-Shirt komplett durchgeschwitzt. Bis jetzt ist meine Stimmung noch ziemlich betrübt. Woran das liegt weiß ich leider auch nicht. Meine Stimmung ist gerade genauso grau wie der Blick aus dem Fenster, aber ich denke mal, wenn ich später meine Tabletten genommen habe wird das besser. Ich lege mich jetzt noch mal für zehn Minuten hin und werde dann zum Frühstücken gehen, in der Hoffnung, dass bis dahin endlich Brötchen da sind. Sollte es wirklich so sein, dass wir mehrere Leben haben, dann frage ich mich warum mein jetziges Leben genau so verläuft wie das gerade der Fall ist. Was wäre denn zum Beispiel gewesen, wenn meine Eltern Millionäre gewesen wären ? Wir wäre ich dann aufgewachsen ? Wie wäre dann meine berufliche Entwicklung verlaufen ? Was hätte sich bei mir in Sachen Beziehungen anders entwickelt ? Das alles sind Fragen, welche ich mir leider nicht beantworten kann. Ich finde es manchmal sehr unfair, das andere so wohlbehütet aufwachsen durften und ich nicht. Ich hätte so gerne eine andere Kindheit durchlebt als die Meinige. Bei mir war niemand da um mich zu beschützen. Was wäre denn geschehen, wenn ich mich jemanden anvertraut hätte ? Hätte es das alles vielleicht noch schlimmer gemacht ? Ich denke ja, da der Ärger und die Konsequenzen daraus sicher nicht die angenehmsten gewesen wären. Da war es anscheinend doch die bessere Lösung, dass ich diese Mauern um mich herum errichtet habe. Ich glaube nicht, dass ich als Kind in der Lage gewesen wäre das Erlebte überhaupt richtig zu verarbeiten. Von daher ist es so, wie es jetzt ist, wahrscheinlich die bessere Lösung gewesen. Ich bin jetzt beim Frühstücken. Anscheinend gibt es heute wirklich keine Brötchen. Dann esse ich eben nur Vollkornbrot. Dieses ist auch sehr gut. Ich weiß, dass unsere Damen sich wieder vor lauter meckern überschlagen werden, wenn sie sehen, dass es heute nur Brot gibt. Heute bin ich wieder so extrem müde, dass es mir sogar gerade im Moment sehr schwer fällt den Stift, welchen ich zum Schreiben benötige, in meiner Hand zu halten. Ich werde jetzt meine Sportübungen machen und danach versuche ich noch etwas zu schlafen. Vielleicht fühle ich mich danach besser. Ich muss aber wieder einmal darauf warten bis mein Bettnachbar das Badezimmer frei gibt. Eigentlich ist glücklich sein doch gar nicht so schwer. Zumindest nicht für Menschen, welche nicht an dieser Krankheit leiden. Für Menschen wie mich gestaltet sich das leider völlig anders. Wenn man in einem Stimmungstief festsitzt, dann ist alles zu viel und zu schwer. Es fallen einem die alltäglichsten Dinge unendlich schwer und werden zur Qual. Manchmal fängt dies schon bei so ganz alltäglichen Kleinigkeiten wie dem Zähneputzen an. Normaldenkende, gesunde Menschen können das nur sehr schwer nachvollziehen. Hier ist in meinen Augen unbedingt Aufklärungsarbeit notwendig. Es ist keine Schande an dieser Krankheit zu leiden, nur wissen eben die wenigsten Menschen darüber bescheid und so wird dieses Thema oft mals sehr lapidar abgetan. Wie oft habe ich mir Sätze wie „lass dich nicht so hängen" oder „das geht vorbei" anhören müssen ? Viel zu oft, aber die meisten verstehen eben nicht, was alles in einem vorgeht. Dabei kann diese Krankheit sehr schnell lebensbedrohlich werden (so wie es bei mir der Fall war). Man blendet dann alles andere aus. Man denkt nicht einmal mehr an die Menschen, die man eigentlich liebt. Man möchte dann nur noch diesen Qualen entgehen und endlich seine Ruhe finden. So war es bei mir auch und ich weiß nicht, wie ich jetzt im Moment denken würde, wenn ich nicht auf die Medikamente eingestellt worden wäre. In meinen Augen ist das eine sehr tückische Krankheit, die all zu leicht auch mit einem normalen Stimmungstief verwechselt wird. Aber die Unterschiede sind gravierend. Wenn jemand ein normales Stimmungstief hat, dann ist das relativ schnell wieder vorbei. Bei jemanden der wirklich an Depressionen erkrankt ist, ist dies nicht der Fall und zieht sich wie eine Spirale immer weiter in die graue Welt hinab. Mit dem Begriff Depressionen wird viel zu leichtfertig umgegangen. Nichts desto trotz muss unsere Gesellschaft lernen, dass es so nicht weitergehen kann. Unsere schnelllebige Gesellschaft und das ständige Streben nach Perfektion, tragen nicht unerheblich dazu bei, dass diese Krankheit auf dem Vormarsch ist. Zur Zeit lese ich, meistens am Abend, einen schwedischen Krimi-Roman. Seit dem ich hier bin (fast ein Monat) habe ich noch kein einziges mal TV geschaut und das schöne daran ist, dass ich es auch kein bisschen vermisse.

Generell lebe ich, seit dem ich hier bin, viel bewusster als vorher. Bis auf das Rauchen, dass konnte ich mir noch nicht abgewöhnen. Ich würde mir wünschen, dass ich ein klein wenig des Lebensstiles, wie er hier verläuft, auch zu Hause in meinen Alltag integrieren kann. Zu Hause lief alles sehr chaotisch ab. Hier entscheidet man sich viel bewusster etwas zu tun. Vor meinem nächsten Krankenhausaufenthalt, Ende September, habe ich richtig Angst. Ich weiß genau wie schmerzhaft dies wieder werden wird und mein Training muss ich dann auch wieder für zwei bis vier Wochen komplett unterbrechen. Auch werde ich die erste Zeit nach der Operation enorme Einschränkungen in Kauf nehmen müssen. Aber es muss ja leider gemacht werden, also Augen zu, Zähne zusammenbeißen und durch. Ich hoffe nur, dass sich die Narkose nicht nachteilig auf meine Psyche auswirken wird. Gerade war Timo hier. Es war heute ein Überraschungsbesuch, da er sich vorher nicht angekündigt hat. Um so schöner fand ich es. Wir hatten heute einmal, seit langem, wieder sehr schöne, leidenschaftliche Momenten miteinander. Allerdings kam danach etwas für mich sehr erschreckendes. Als wir zum Ende kamen, entdeckte ich, dass Blut aus meinem Penis kam. Das sollte ich unbedingt mit meiner Ärztin besprechen. Es war so schön ihn endlich wieder zu spüren, zu riechen und zu schmecken, aber die Sache mit dem Blut macht mir schon wieder Angst. Timo hat heute sogar mit mir zusammen hier zu Mittag gegessen. Das war unbeschreiblich schön für mich. Ich werde jetzt versuchen, etwas zu schlafen. Zur Zeit lese ich ein Buch, einen schwedischen Krimi-Roman. Ich finde dieser ist sehr spannend geschrieben und hilft mir dabei die Zeit etwas leichter zu verbringen. In diesem Buch geht es hauptsächlich um eine terroristische Vereinigung, welche in der siebziger Jahren die Deutsche Botschaft in Stockholm überfallen hat. Meine Stimmungslage ist gerade relativ gut und ausgeglichen. Ich vermisse mein Handy, welches immer noch kaputt ist und ein neues habe ich auch noch nicht, gerade kein bisschen. Ich freue mich schon wie ein kleines Kind auf meinen ersten Freizeitpark-Besuch, wenn ich hier raus bin. Für Montag steht bei mir ziemlicher Stress an. Mein Blick auf den Wochenplan verrät mir dass ich am Montag Küchendienst habe, dann muss ich auch noch zur Blutabnahme, Chefarzt-Visite ist auch am Vormittag und um dreizehn Uhr habe ich ein Gespräch mit meiner Psychologin. Naja, so geht der Montag wenigstens schnell vorbei. Ich bin mal gespannt ob morgen meine Laune noch besser wird. Morgen wird die Dosis meiner Medikamente wieder erhöht. Der heutige Samstag ging bis jetzt eigentlich sehr schnell vorüber. Es ist jetzt bereits siebzehn Uhr und bald gibt es auch schon wieder das Abendessen. Mich regt das, in meinen Augen unverschämte, Verhalten meiner Kinder auf. Ich denke wirklich, und bleibe dabei, dass ich sie zu den ersten Freizeitpark Besuchen nicht mitnehmen werde. Vielleicht merken sie es dann einmal ? Ich genieße es richtiggehend, wenn am Wochenende die Station fast leer ist. So eine himmlische Ruhe würde ich mir auch unter der Woche wünschen. Diese Ruhe wäre heute noch viel schöner gewesen, wenn ein Mitpatient nicht so einen

Rabaz veranstaltet hätte. Vielleicht werde ich nächstes Wochenende auch einmal nach Hause fahren, um zu testen, ob ich das schon schaffe. Sollte ich es nicht schaffen, so sehe ich meine Entlassung Ende des Monats ehr skeptisch entgegen. Ich würde mich sehr darüber freuen, wenn ich das schaffen würde, aber so wie ich mein zu Hause kenne wird mein Wochenende dann eh nur aus putzen bestehen. Einfach abwarten. Ich würde jedenfalls schon gerne einmal testen, ob ich das mit den ganzen Hunden und den Kindern jetzt schon nervlich aushalte. Hoffentlich hat sich David zwischenzeitlich etwas mit dem Wohnzimmerboden einfallen lassen. Ich glaube es aber nicht. Er wird vor lauter Arbeit im Cafehaus Harmonie sicher nichts in diese Richtung getan haben. Michael und Papa hätten sicher nicht gewollt, dass das alles einmal so kommt, aber immerhin tragen die beiden einen nicht unerheblichen Anteil an Schuld an der jetzigen Situation. Was mich auch noch sehr stark belastet sind die Ermittlungen im Cafehaus wegen des mir gestohlenen Geldes. Ich muss einfach abwarten was die Kriminalpolizei in der Sache herausfinden wird. Das wirklich traurige an dieser Sache ist aber, dass zu einhundert Prozent feststeht, dass es sich bei dem Dieb um ein Familienmitglied handeln muss. Ich empfinde das als einen sehr enormen Vertrauensbruch und es treibt mich, je mehr ich darüber nachdenken muss, fast in den Wahnsinn. War es David ? War es Marina ? Waren ein mein Cousin und seine Frau ? Oder waren es gar alle zusammen ? Sollte es herauskommen wer es war, dann weiß ich nicht, wie ich darauf reagieren werde. Es ist einfach nur unfassbar schlimm. Mehr fällt mir dazu leider nicht ein. Christl und Dora hingegen sind das Beste was uns hätte in dem Laden passieren können. Ich bin unheimlich dankbar, dass wir die beiden für uns gewinnen konnten. Ich hoffe und wünsche mir, dass die beiden uns sehr lange erhalten bleiben und wer weiß, vielleicht möchten sie einmal das Cafehaus übernehmen ? Ich würde es mir wünschen. Ich schließe jetzt den heutigen Tag mit etwas Sport ab, werde danach noch duschen gehen und dann mit einer Tasse Tee und einem Buch etwas entspannen.

16.8.2015

Was meinen Schlaf angeht, so hatte ich eine ziemlich schlechte Nacht. Um ca. ein Uhr und dreißig Minuten und um ca. vier Uhr war ich wach und bin jeweils zum Rauchen gegangen. Wach geworden und letztendlich auch aufgestanden bin ich dann um halb sechs. Ich habe gerade eine gutes, ausgiebiges Frühstück genossen und werde mich jetzt noch etwas in mein Bett legen. Manchmal finde ich diese ständige Müdigkeit gar nicht mal so schlecht, da ich dadurch merke, dass mein Körper diese Ruhephasen einfach braucht. Timo war heute Morgen um kurz nach drei Uhr noch mit seinem Handy online. Hoffentlich ist da nichts am laufen, was mein Herz brechen könnte. Ich habe da auf einmal ein ganz komisches Bauchgefühl. Ich hoffe, sollte etwas sein, dass er wenigstens so ehrlich ist und mir es sagt. Vielleicht bilde ich mir aber auch nur wieder zu viel ein. Ich liebe diesen Menschen so sehr, dass mich eigentlich alles Krank macht, was sich uns auch nur im Ansatz in den Weg stellen könnte. Aus irgendeinem Grund fühle ich mich heute nicht so gut. Ich kann aber nicht sagen woran das liegt. Vielleicht ja nur am Wetter. Gerade gab es Mittagessen und jetzt werde ich mich einfach wieder ins Bett legen und noch etwas lesen. Heute ist, was das Schreiben angeht, mein Kopf komplett leer. Ich kann tun was ich möchte, ich komme einfach auf nichts schreib bares. Egal was ich auch tue, es sprudelt heute einfach nichts aus mir heraus. Das kommt bei mir nur sehr selten vor. Dadurch das mein Block eh fast voll ist, spare ich wenigstens etwas Platz ein, bis ich meinen neuen Block bekomme. Ich habe fast den gesamten Vormittag gelesen und werde mich jetzt wieder in mein Bett legen. Heute ist eindeutig Betttag. Ich werde noch etwas Musik hören und entspannen bevor mein Bruder Basti und meine Kinder zu Besuch kommen. Eventuell gehen wir ja heute noch zum Sushi-Essen. Mal sehen, wie ich dann später drauf bin, bzw., wie wir bei dem Wetter dann dort hinkommen. Es regnet heute schon den ganzen Tag.

17.8.2015

Heute Nacht habe ich einigermaßen gut geschlafen. Gestern waren mein Bruder Basti und Luis zu Besuch. Leider waren meine Kinder wieder einmal nicht mit dabei. Warum nur ? Schämen sich die beiden so für mich oder haben sie einfach keine Lust ihren Vater zu sehen ? Beide Varianten finde ich sehr schlimm. Basti konnte leider kein neues Handy für mich organisieren. Ich muss einmal bei meinem Anbieter nachfragen, ob man da nicht etwas für mich tun kann. Wenigstens hat mir mein Bruderherz gestern meinen Laptop mitgebracht. Jetzt fehlt mir nur noch ein Internet-Stick, da das WLAN hier auf Station nicht von Patienten benutzt werden darf. Ich hoffe meine Mutter kann mir diesen mitbringen. Aber es schadet mir auf keinen Fall, dass ich im Moment ohne Internet und ohne Handy bin. Diese beiden Dinge sind ein Stressfaktor, welcher all zu oft unterschätzt wird. Seit gestern funktioniert mein Handy gar nicht mehr. Es hat zwar draußen etwas abgekühlt, aber hier bei uns im Zimmer ist es immer noch viel zu warm. Leider kann man, bzw. darf man hier kein Fenster öffnen. Mich lässt es sehr unwohl fühlen, wenn ich allein schon vom herum sitzen schwitze. Jedes mal, wenn ein kleiner Luftzug, auch wenn es nur durch die offene Tür ist, durch unser Zimmer zieht, ist dies wie ein Aufatmen. Jetzt findet gleich die Chefarzt-Visite statt und neben dem Küchendienst habe ich um dreizehn Uhr noch Psychotherapie. Die Termine liegen heute alle etwas unvorteilhaft, aber auch das bekomme ich hin.

Manchmal verstehe ich mich selbst nicht. Das Leben kann doch manchmal so schön sein und trotzdem rutscht man immer wieder in so ein bescheuertes Tief ab. Durch meine Medikamente habe ich das mittlerweile aber ganz gut im Griff. Ich hoffe, dass das auch so bleiben wird. Ich denke für meine Familie war das, was durch mich geschehen ist, auch nicht gerade einfach, aber noch viel schwerer ist dies gesamte Situation für mich selber. Ich versuche diesen Montag für mich nicht in Stress ausarten zu lassen. Um ca. sechzehn Uhr kommen Mutter und David. Irgendwie freue ich mich darauf die beiden heute zu sehen, auch wenn die Welt zwischen mir und David alles andere als in Ordnung ist. Aber ich möchte wenigstens mit eigenen Augen sehen, dass es beiden gut geht. Heute werde ich es nicht mehr schaffen, all meine Aufzeichnungen zu digitalisieren, aber morgen mochte ich eigentlich damit beginnen. Gerade habe ich die Chefarzt-Visite wieder relativ gut überstanden. Wenn es doch nicht immer die selben Fragen wären, welche man dort gestellt bekommt. Ab Mittwoch bekomme ich schon wieder die Dosis erhöht. Mein Termin mit der Psychologin fällt heute leider aus, da sie krank ist. Mit meinem schwedischen Krimi-Roman bin ich fast durch. Ich habe das Buch wirklich gut gefunden, obwohl ich früher nie so der große Leser war. Ich glaube, dass ist das erste Buch, welches ich komplett gelesen habe. Ich habe vorher noch nie in meinem Leben ein Buch von der ersten bis zur letzten Seite gelesen. Mich haben Bücher früher nie interessiert. Daran sieht man, was sich in einem Leben verändern kann, wenn man eine Zwangspause auferlegt bekommt.

So, das Mittagessen und den dazugehörigen Küchendienst habe ich hinter mich gebracht. Beim Küchendienst haben sie mich zusammen mit Samantha eingeteilt. Da hätten die mich auch gleich komplett alleine einteilen können. Samantha ist dermaßen instabil, da hätten die sich das eigentlich denken können, dass das nichts werden kann. So habe ich halt die Pflicht des

Küchendienstes alleine auf mich genommen. Heute waren dann noch Timo, David, meine Mutter und meine Kinder zu Besuch. Endlich konnte ich meine Kinder einmal wieder sehen. Was mich heute etwas aus dem Ruder gebracht hat, war eine Äußerung von Timo betreffend unserer Beziehung, bzw. unserer wohnlichen Situation. Ich halte es im Moment nur sehr schwer aus, wenn jemand anfängt Druck auf mich auszuüben. Ich befürchte fast, dass diese Kompromissfindung in der Zukunft meine schwerste Aufgabe sein wird. Hoffentlich zerbreche ich nicht daran. Ich hoffe für meinen Sohn Malcolm, dass er seine Führerscheinprüfung am Donnerstag endlich besteht. Nicht das der Führerschein noch zum Pilotenschein wird. Bei Manuel verstehe ich immer noch nicht, wie seine Mutter ihn nur so aus dem Haus lassen kann ? Ich verstehe in diesem Punkt aber auch Manuel nicht, dass er nicht einmal von sich darauf kommt sich mehr zu pflegen und auf sich zu achten. Für mich ist das nicht leicht, das eigene Kind so zu erleben, bzw. so zu sehen. Ich hoffe, dass er sich da bald zu seinem Vorteil verändern wird. Mehr als mit ihm reden kann ich ja auch nicht tun. Die Verabschiedung vorhin war für mich auch eine sehr beklemmende Situation. Sich von beiden, also von Timo und David so zu verabschieden, immer mit dem Gedanken im Hinterkopf, dass man bloß nichts falsches tut, finde ich sehr quälend. Aber wie bekommen ich dies unbefangener hin ? Ohne das sich gleich einer der beider auf den Schlips getreten fühlt ? Ich weiß es nicht. Vielleicht arbeitet ja in diesem Punkt die Zeit für mich. Mutter konnte mir leider keinen Internet-Stick mitbringen.

Wenn mein Bruder Basti mir morgen einen Internet-Stick mitbringt, bin ich wenigstens nicht mehr von Außenwelt abgeschnitten. Ich hoffe, dass Malcolm und seine Freundin so vernünftig sind und mit dem „Kinder bekommen" noch etwas abwarten. Zumindest sollten sie so lange damit warten, bis beide in der Lage sind für ein Kind zu sorgen. Ich glaube, die beiden sind sich nicht im Klaren darüber, was ein Kind an Verantwortung bedeutet. Mich hat es um die Zeit meiner Jugend gebracht und ich möchte nur ungern dabei zusehen müssen, wie Malcolm das selbe Schicksal ereilt wie mich damals. Ich hoffe wirklich, dass die beiden so vernünftig sein können. Fest steht aber, dass ich nicht dafür aufkommen kann und dies auch nicht werde. Auch steht fest, dass ich jetzt die Weichen für mein neues Leben stellen muss. Nach meinem alten Lebensstil kann ich auf keinen Fall mehr leben. Das würde nicht all zu lange gut gehen. Es muss jetzt das eintreten, was ich mir seit Jahren für mich wünsche. Ich möchte ganz einfach nur leben, frei leben. Das muss ich unmissverständlich allen in meinem Umfeld klar zu verstehen geben. Ich sehe dies als meine zweite Chance an und diese möchte ich auch nutzen. Auch sportlich muss ich wieder an meine frühere Leistung anknüpfen. Der Sport war schon immer eines der wenigen Dinge, bei denen ich ganz ich selbst sein konnte, bei denen ich den Kopf frei bekommen habe. Ohne den Sport wäre ich einfach nicht ICH. Ähnlich verhält es sich mit der Musik. Ich habe eine abgrundtiefe Liebe zur Musik und diese werde ich auch immer behalten. Mit dem Thema Elli und Marina werde ich wohl oder übel etwas radikaler umgehen müssen. Meine Güte, ich beginne schon wieder mir meine ganzen Probleme vor die Nase zu ziehen. Das sollte ich nicht tun, da ich merke, dass es mich runter zieht und mir nicht gut tut. Vielleicht brauche ich in diesem Punkt aber auch die Hilfe von meinem Bruder Basti. Ich denke schon, aber dann müsste auch das zu schaffen sein.

18.8.2015

Die Nacht war heute sehr durchwachsen, aber ich habe trotzdem ausreichend Schlaf gefunden. Ich habe gestern begonnen einen neuen Roman zu lesen „Die Blutkammer". Dieser Roman ist sehr spannend und fesselnd geschrieben. Heute gab es zwar wieder Brötchen zum Frühstück, dafür gab es aber diesmal kein Vollkornbrot. In letzter Zeit häuft sich es, dass immer irgendetwas fehlt. Eigentlich fühle ich mich heute sehr gut. Heute werde ich bei der Visite mein Problem von Samstag schildern (die unerwartete Blutung). So etwas kann nicht normal sein. An den Harnleitern kann es meiner Meinung nach nicht liegen, ansonsten müsste ich ja auch beim Urinieren Blut verlieren. Ich muss einfach abwarten, was meine Ärztin dazu sagt. Ich werde jetzt wieder etwas Sport treiben und mich dann noch etwas in mein Bett legen. Ich komme gerade von der medizinischen Visite und habe dort meiner Ärztin ganz ehrlich und offen mein Problem geschildert. Sie konnte mich aber sofort beruhigen und meinte, dass da wahrscheinlich nur ein kleine Vene geplatzt ist. Gott sei Dank nichts ernstes !

Gleich gibt es Mittagessen, danach werde ich mich noch etwas hinlegen. Ich fühle mich gerade wieder richtig müde und schlapp, obwohl meine Stimmung relativ gut ist. Ich freue mich darauf, wenn mein Bruderherz später kommt und endlich den heiß ersehnten Internet-Stick dabei hat. So kann ich dann endlich wieder Kontakt zu meiner Außenwelt aufnehmen. Hoffentlich vergisst er den neuen Schreibblock nicht. In diesem Block habe ich noch genau eine Seite zur Verfügung. Ich bin mal gespannt, wann Timo sich das nächste mal bei mir sehen lässt. Meine Wut, welche ich auf unsere Damen hier habe, wenn diese immer den gesamten Balkon belegen, weicht so langsam in ein Gefühl von Gleichgültigkeit. Sollen sie doch machen was sie wollen. Ohne das es Streit geben würde kann ich das eh nicht ändern und zum Streiten fehlt mir einfach die Lust und die Nerven. Die anderen hier auf Station halten sich ebenfalls die meiste Zeit von den Damen fern. Naja, liegt wohl auch daran, dass zwei von ihnen sehr arrogant und eingebildet wirken. Mir ist das auf jeden Fall ziemlich egal geworden. Ich habe jetzt auch endlich einen neuen Termin bei meiner Psychologin bekommen. Dieser wird am Freitag um acht Uhr sein. Ich finde es gut, dass der Termin so früh am Morgen ist, so ist der Vormittag wenigstens schon einmal so gut wie vorüber. Jetzt noch eine Runde Sport und danach schön gemütlich bei einer Tasse Tee etwas lesen. Wann wird mein Bruder Basti wohl kommen ? Kommt er heute überhaupt oder doch erst morgen ? Ich werde es ja sehen. Ich bin sehr froh, dass ich gerade unter dem Einfluss von Medikamenten stehe. Ich denke unter „normalen" Umständen würde ich gerade sehr unruhig sein, da ich seit Donnerstag kein Handy mehr nutzen kann und somit auch keinen Kontakt zu Timo habe. Aber ich vertraue ihm. Das Problem mit meiner ständigen Müdigkeit ist im Moment ein auf und ein ab. Ich habe meiner Ärztin heute auch einmal von meinen Gedächtnislücken erzählt. Diese habe ich vor allem in Bezug auf meine beiden Suizidversuche. Ich habe mir in beiden Fällen die Hilfe meiner Familie holen müssen. Ich weiß von beiden Versuchen so gut wie gar nichts mehr. Es ist grad so, als hätte jemand mit einer Schere einen Teil meiner Erinnerungen einfach aus meinem Kopf geschnitten. Ich weiß auch kaum noch etwas von den beiden Krankenhäusern, in welche ich eingeliefert wurde. Von meiner Entlassung aus der Uniklinik weiß ich nur noch wie ich entlassen wurde, bzw. kann ich mich erst wieder ab dem Zeitpunkt des Verlassens der Klinik an etwas erinnern. Aber von der Zeit als ich auf Station gelegen habe weiß ich gar nichts mehr. Von meinem Bruder Basti habe ich gesagt bekommen, dass ich auf der Station M51 gelegen habe, aber wie lange und was dort mit mir geschehen war......keine Ahnung. Da herrscht bei mir der absolute Filmriss. Ich habe noch nie so viel Tee in meinem Leben getrunken wie hier, aber ich glaube, dass dies eine ganz gute Alternative zu meinem übermäßigen Kaffeegenuss ist. Ich trinke nun wesentlich weniger Kaffee, als noch vor kurzem, als zwei Kannen am Tag bei mir ehr der normale Konsum waren. Leider hat sich dies aber nicht positiv auf mein Schlafverhalten ausgewirkt. Mittlerweile halte ich mich am Abend so lange wach, wie es nur geht, so lange, bis mir fast die Augen beim Lesen zufallen. So kann ich dann, wenn ich mich hinlege, wenigstens rasch einschlafen.

19.8.2015

Der heutige Tag gefällt mir ganz und gar nicht. Heute Morgen bei der Chefarzt-Visite versuchte die Oberärztin mich auf Biegen und Brechen in eine Therapiegruppe zu stecken. So etwas ist absolut nichts für mich. Allein beim Gedanken daran verdreht sich mir der Magen. Ich war noch nie ein Gruppenmensch gewesen und werde das hier auch nicht werden. Außerdem habe ich heute in der Chefarzt-Visite besprochen, dass ich dieses Wochenende einmal einen sogenannten „Heimaturlaub" machen möchte. Ich hoffe, dass diese beiden Tage nicht nur aus Putzen für mich bestehen werden. Mein Bruderherz war vorhin hier und hat mir endlich einen Internet-Stick gebracht. Auch hatte er schlechte Nachrichten mit im Gepäck, was unseren Prozess gegen Mauser angeht. Was dies angeht müssen wir jetzt erst einmal etwas über zehntausend Euro an Mauser bezahlen. Ich finde das ist an Ungerechtigkeit nicht mehr zu überbieten. Dieser fiese Mensch (ich habe jetzt nicht erwähnt, dass er meiner Meinung nach ehr ein fieser Giftzwerg ist) kann tun und lassen was er möchte und kommt damit auch noch durch. Allein deshalb bin ich schon total am Boden zerstört. Aber an diesem Beispiel sieht man wieder mal die Unverhältnismäßigkeit und die Ungerechtigkeit der deutschen Justiz. Diese Verhältnismäßigkeit der deutschen Justiz stimmt hinten und vorne nicht mehr. Ich muss mich gerade selbst beruhigen, sonst brennt mir da wieder einen Sicherung durch und das kann ich im Moment gar nicht gebrauchen.

20.8.2015

Heute fühle ich mich wieder sehr müde. Ich gehe mittlerweile davon aus, dass dies hauptsächlich an den Medikamenten liegt. Wenigstens habe ich jetzt wieder Internet. Jetzt hat mich meine Ärztin doch glatt für die Musiktherapie eingetragen. Die sollen sich bitte nicht einbilden, dass ich dort hingehe. Mit zu tausend Prozent angrenzender Sicherheit nicht. Zur Zeit lese ich das Buch „Illuminati". Dieses Buch ist absolute Weltklasse. Meine Augen kleben richtig an den Buchstaben. Ich habe selten ein so spannendes und gut geschriebenes Buch in Händen gehalten. Einfach genial. Nicht nur vom Schreibstil her. Beim Lesen dieses Buches lernt man auch allerhand über den Vatikan und die wissenschaftlichen Zusammenhänge. Angeblich soll dies ja alles der Wahrheit entsprechen.

Dunkelheit legt ihre Schatten
Auf meine Seele und mein Haupt
Nagt an mir wie tausend Ratten
So was hätt ich nie geglaubt.

Das Licht möcht ich gern wieder sehn
Am Tage, als auch Nacht

Möcht fröhlich nur spazieren gehn
so wie ich es früher oft gemacht.
Der Tag war heute sehr durchwachsen. Ich freue mich aber schon auf das bevorstehende Wochenende zu Hause. Wenn alles gut geht möchte ich am Montag in der Chefarzt-Visite um meine Entlassung am Freitag der kommenden Woche bitten. Ich muss einfach wieder nach Hause. Die Zeit hier hat mir zwar gut getan, aber irgendwann reicht es einfach. Ich möchte wieder normal trainieren und mich langsam ins Leben zurückfinden.

Liebst du mich genug ?
Mit jedem Atemzug ?
Ich will dich nie verlieren
Kriech vor Schmerz auf allen vieren.

Deine Blicke mich durchdringen
Ich liebe dich vor allen Dingen
Gib uns bitte niemals auf
Lass zu, dass die Dinge nehmen ihren Lauf.

Unsere Liebe ist stark wie nie
Meine Sein vor dir geht in die Knie
Wenn du mich doch dann sitzen lässt
Das Leben mich so gleich verlässt.

21.8.2015

Heute fühle ich mich ganz in Ordnung. Um acht Uhr habe ich mein Gespräch mich meiner Psychologin, danach ist Chefarzt-Visite. Ich freue mich schon wahnsinnig darauf über das Wochenende nach Hause zu fahren. Ich bin wirklich mal gespannt wie das wird und wie ich das aushalte. Endlich sehe ich auch meine Hunde alle wieder. Ich werde auch am Sonntag Morgen einmal in unser Cafehaus fahren, um dort gemütlich zu frühstücken. Das Gespräch mit meiner Psychologin war heute sehr anstrengend für mich, so anstrengend, dass sogar mein Kreislauf kurz vor dem kollabieren war. Jetzt fühle ich mich gerade einfach nur ausgebrannt und leer. Ich werde jetzt schnell meine Mails abrufen und danach einfach nur, bei einer Tasse Tee, ganz entspannt lesen. Den Rest des Tages habe ich mehr oder weniger verschlafen, was mich nach dem Gespräch mit der Psychologin auch nicht wundert. Diese Gespräche gehen dermaßen ins Detail, dass es sehr kräftezehrend und auslaugend ist.

22.8.2015

Heute geht es über das Wochenende nach Hause. Ich bin wirklich gespannt, was mich alles erwarten wird und ob ich das alles auch nervlich aushalten kann. Einfach abwarten und versuchen die Zeit zu genießen.

24.8.2015

Eigentlich war das Wochenende schön. Samstag und Sonntag war ich in unserem Cafehaus. Leider habe ich dieses Wochenende viel zu viel gegessen. Das waren regelrechte Fressattacken. Was mich wirklich wahnsinnig genervt hat, waren die neunmal klugen Tipps all derer, die mich schon eine ganze Weile nicht mehr gesehen haben. So etwas strengt extrem an. Was mich tierisch geärgert hat war die arrogante Überheblichkeit meiner „noch Schwiegermutter", welche es noch nicht einmal für nötig erachtet hatte mich zu begrüßen. Jetzt haben wir Montag und ich bin wieder hier in der Klinik, aber ich fühle mich heute gut. Heute habe ich wieder Küchendienst und Blutabnahme. Der Montag geht also schon gleich wieder gut los. Ich werde später, in der Chefarzt-Visite, darum bitten, dass ich Ende der Woche entlassen werden. Ich möchte einfach noch etwas Zeit zu Hause verbringen bevor ich in die nächste Klinik muss. Gerade habe ich besagte Chefarzt-Visite hinter mich gebracht. Ich darf bereits am Donnerstag endlich nach Hause. Gott sei Dank, fünf Wochen waren dann doch eindeutig genug. Ich freue mich schon richtig auf mein neues Leben. Der Weg dort hin und der Start in selbiges werden zwar nicht unbedingt einfach, aber das schaffe ich und werde dann das Leben genießen. Von Freitag bis Sonntag werde ich mit meinem Bruder Basti und Luis nach Köln fahren. Ich freue mich riesig darauf. Am Samstag fahren wir dann ins Phantasia-Land, einem Freizeitpark. Die letzten Tage hier ziehen sich furchtbar lang hinaus, wie als wenn man an einem Kaugummi zieht und darauf wartet, dass dieser endlich reißt. Ich werde versuchen diese mit lesen, Entspannung und viel Schlaf vorüber zu bekommen.

25.8.2015

In meinen letzten Tagen hier auf Station wird es richtig langweilig. Ich bin froh, dass ich das Lesen für mich entdeckt habe und zähle schon die Stunden bis zu meiner Entlassung. Stimmungsmäßig geht es mir einigermaßen gut. Ich habe aber auch Angst vor der Situation wieder nach Hause zu kommen. Ich weiß, dass ich das irgendwann alles regeln muss, habe aber auch vor diesem Tag eine Höllenangst.

Mein Herz in zwei Hälften zerspringt
Weine wie ein klagendes Kind
Meine Gefühle in zwei geteilt
Mein Verstand sagt, die Sache eilt
Mein Kopf der möchte nicht entscheiden
Mein Herz nicht ist zu beneiden
Ich hoffe, die Zeit arbeitet für mich
Die dann sagt, ich will nur dich.

Innerhalb kürzester Zeit habe ich nun das vierte Buch fertig gelesen. Lesen entspannt mich sehr. Ich werde jetzt, vor dem Abendessen, noch etwas ruhen. Jetzt habe ich nichts mehr zu lesen, die anderen Bücher, welche es hier auf Station gibt, sind nun wirklich nichts für mich. Ich stehe nun mal nicht auf Liebes Romane. Irgendwie muss ich mich aber die letzten zwei Tage noch beschäftigen. Ich habe eine wahnsinnige Angst vor allem, was jetzt auf mich zukommen wird; privat und geschäftlich. Die geschäftliche Seite wird für mich, vor allem emotional, sehr schwierig werden. Ich muss mich damit abfinden, nach gut fünfzehn Jahren, kürzer zu treten.

Gedanken, von dunklen Wolken eingehüllt
Der Geist ist voll von Angst erfüllt
Ich würd gern in die Zukunft schauen
Das Dunkel greift im spitzen Klauen
Die Angst vor Morgen in mir steigt
Die Vergangenheit hab ich vergeigt
Ich hoff die Zukunft wird dann besser
Sonst bleibt mir nur die Flucht ins Messer.

Ich bin manchmal froh darüber, dass niemand von den Ärzten oder den Schwestern meine Aufzeichnungen liest. Ich glaube dann würden sie mich nicht entlassen. Ich weiß zwar, dass alles weitergehen wird, aber die Firma war für mich immer mein Baby. So viel Herzblut, so viel Leidenschaft und Arbeiten stecken dort drin und nun ist das alles nicht mehr so wie es einmal für mich war. Ich hoffe und bete zu Gott, dass alles ein gutes Ende finden wird. Ich muss einfach meinem Bruder Basti vertrauen und dies tue ich auch. Ich hoffe, dass alles gut geht, dass er alles schafft und werde ihn so gut ich nur kann dabei unterstützen.

26.8.2015

Mein letzter Tag hier hat nun begonnen. Morgen geht es endlich nach Hause. Obwohl ich dem mit gemischten Gefühlen gegenüber stehe. Es fühlt sich fast so an, wie bei einem Löwen, den man nach einer langen Gefangenschaft wieder auswildert, aber ich fühle mich gerade gut und stabil genug für diesen Schritt. Ich werde morgen als erstes wahrscheinlich die Wohnung putzen müssen, aber das macht mir zum Glück nichts aus. Auch werde ich mir in Würzburg einen gutes Therapeuten suchen, welcher mich dann weiter behandeln wird. Ich hoffe und wünsche mir, dass ich meine inneren Dämonen in Zukunft besser im Griff haben werde und meine Gedanken weniger Achterbahn in meinem Kopf fahren werden.

Meine Vorgeschichte – Michael – Heroin zerstört eine Familie

Ich kann mich noch ganz genau daran erinnern, als ob es erst gestern war. Ich war ungefähr zehn Jahre alt und mit gefiel der Duft von gebrannten Mandeln und Zuckerwatte. Hier fühlte ich mich endlich einmal frei und unendlich wohl. Es tat so gut auch einmal eine Gelegenheit zu haben, in welcher ich einfach einmal das sein konnte, was ich schließlich war: ein ganz normaler zehnjähriger Junge. Nur war mein Leben alles andere als normal, aber in diesem Moment genoss ich einfach in vollen Zügen, dass mein Vater mit mir auf einem Volksfest war. Es war die Zeit, in welcher mein Vater noch viel mit mir unternommen hat. Es war die Zeit bevor der Horror begann und meine Familie schier vor Angst und Verzweiflung zerbrochen wäre. Aufgewachsen bin ich in ehr ärmlichen Verhältnissen, in einem Stadtteil von Würzburg der schon immer für seine raue und gewaltbereite Umgebung bekannt war. Dennoch gab es dort auch wunderschöne Plätze, welche ich als Kind liebte und wo ich meine Sorgen und Ängste vergessen konnte. Plätze wie zum Beispiel geheimnisvolle Weiher, welche im Sommer von Schilf überzogen waren. Wunderschöne, kleine Wälder, welche zum Spazierengehen einluden. Ich kann mich noch sehr gut an den besonderen Duft dieser Wälder erinnern. Es roch nach einer Mischung aus vermodernden Laub, Moos und nach Pilzen. Wie gerne würde ich heute noch einmal durch diese Orte schreiten, aber leider gibt es diese nicht mehr. Ein Großteil dieser Orte musste der städtebaulichen Entwicklung weichen. Oft habe ich diese

Orte als Zuflucht aufgesucht oder um meine Gedanken zu ordnen oder einfach um zu vergessen was geschah.

I. Der Einstieg

Mein Bruder Michael, er war acht Jahre älter als ich, und ich waren ein Herz und eine Seele und das nicht nur aus dem Grund heraus weil wir uns ein Zimmer teilen mussten. Aber genau aus diesem Grund habe ich als Kind ziemlich viel mitbekommen. Mehr als ein Kind im Normalfall ertragen kann. Ich erinnere mich, dass die Suchtkarriere meines Bruders ehr harmlos, wie bei den meisten, angefangen hat. Anfangs, als er nur Cannabis rauchte, schickte er mich noch aus dem Zimmer. Dies ging dann aber irgendwann so weit, dass ich vor lauter Müdigkeit auf dem Sofa meiner Eltern eingeschlafen bin. Ich weiß noch, dass meine Mutter dann immer vor Wut getobt hat, aber Michael wusste genau wie er unsere Mutter um den Finger wickeln konnte. In dieser Zeit begann es bei ihm, dass er des öfteren Straffällig wurde. Ehr das übliche für unseren Stadtteil. Schlägereien und fahren ohne Fahrerlaubnis, aber die folgenden Jahre wurden zum blanken Horror; für mich, meine Eltern, aber vor allem für unsere Mutter. Irgendwann begann Michael dann auch mit dem Zeug zu handeln, was ihm sehr großen Ärger einbrachte, inkl. seinem ersten Aufenthalt im Gefängnis. Zum zweiten Gefängnisaufenthalt, welcher auch irgendwann anstehen sollte, bzw. musste, kam es dann aber leider nicht mehr. Warum leider ? Dazu komme ich später noch ausführlicher. Ab einem gewissen

Zeitpunkt bemerkte man, dass Michael sich veränderte. Teilweise war er euphorisch gut gelaunt und teilweise genau das Gegenteil. Wenn dieses „Gegenteil" eingetreten war, dann war die Hölle noch ein schöner Ort. Trotz allem habe ich ihn geliebt und hatte Angst um und manchmal auch vor ihm. Ich denke meine Eltern waren sich nicht im Klaren darüber, was sie mir damit angetan haben. Ich musste mir immerhin das Zimmer mit ihm teilen. Würden Sie ihr Kind sein Zimmer mit einer Person teilen lassen, welche Drogenabhängig ist ? Die allermeisten werden diese Frage mit nein beantworten. Ich denke meine Eltern auch, aber in der damaligen Zeit hatten sie zum einen keine andere Möglichkeit und zum anderen hat sie die ganze Situation so mitgenommen, dass sie selbst über viele Dinge nicht mehr klar nachdenken konnten. Auf jeden Fall musste ich mir mit meinem großen Bruder Michael das Zimmer teilen. Einen zehnjährigen Jungen prägt das sehr und ich habe es bis heute nicht geschafft die Mauern, welche ich jahrelang um mich herum gebaut habe, einzureißen.

II. Das erste Chaos

Es war ein ganz normaler Tag im September. Wie immer ging ich ohne Frühstück in die Schule, wie ich es eigentlich immer getan habe. Ich mochte die Schule nicht besonders, aber ich denke, dass ging fast jedem Kind in meinem alter so. Ich erinnere mich daran, dass ich damals schon ehr ein Einzelgänger war. So kam es, dass ich nur wenige richtige Freunde hatte, für diese ich aber mein letztes Hemd gab, wenn es sein musste. Ich hatte damals noch einen kleinen Hund namens Daisy. Eigentlich war es Michaels Hund, aber ich habe mich meistens um Daisy gekümmert. Daisy war eine Mischlingshündin welche vor Giftigkeit nur so strotzte. Aber ihr Aussehen machte sie schon fast wieder witzig. Sie sah aus wie eine Mischung aus Reepinscher und Jagthund mit drei großen schwarzen Punkten auf dem Rücken, große Klubschaugen und Schlappohren. Als ich an diesem Tag von der Schule nach Hause kam, herrschte bei Mutter große Aufregung und in der Wohnung herrschte das absolute Chaos. Unseren Hund Daysi haben wir eingesperrt in der Toilette gefunden. Wir dachten zunächst daran, dass man vielleicht bei uns eingebrochen hätte, aber dem war nicht so. Nachdem unsere Mutter sich einen Überblick in diesem Chaos von ausgeräumten Schränken verschafft hatte, fand sie die Visitenkarte der Kriminalpolizei. Zunächst einmal haben wir aber Daysi befreit, welche hoch aufgeregt auf mich zugestürmt kam. Als Daysi sich wieder beruhigt hatte, half ich meiner Mutter sich in diesem Chaos zurecht zu finden. Sie rief natürlich auch sofort bei der Polizei an, um lauthals ihren Protest über die verwüstete Wohnung kund zu tun. Dies nützte allerdings nicht viel und lies den Herrn von der Kriminalpolizei recht unbeeindruckt. Die Kriminalpolizei ist bei der Durchsuchung unserer Wohnung nämlich im Badezimmer fündig geworden. Fast zwei Kilogramm Cannabis haben sie gefunden und meine Eltern wussten von nichts. Das war wie der berühmte Schlag ins Gesicht. Und Michael ? Den haben sie sofort verhaftet und er saß jetzt in Untersuchungshaft. Das Chaos in unserer Wohnung war unvorstellbar. Es war keine Schublade mehr dort wo sie ursprünglich einmal waren. Ordner, Geschirr, Kleidung, alles lag über die Fußböden der drei Zimmer Wohnung verteilt. Ich habe meiner Mutter so gut es ging geholfen, bei all der Aufregung, alles wieder aufzuräumen. Am Tag darauf hatte meine Mutter sich umgehend um einen Rechtsanwalt für Michael gekümmert. Und so vergingen die Wochen und die Zeit strich dahin, ohne dass es einen Gerichtstermin gab. Meine Mutter hatte oft bei Gericht vorgesprochen und darum gebeten, dass man Michael wenigstens über Weihnachten nach Hause lassen würde. Vergebens. Der zuständige Richter zeigte hier keinerlei Mitleid und auch unser Rechtsanwalt konnte nichts erreichen. Als im neuen Jahr dann endlich der Gerichtstermin stattgefunden hatte, wurde mein Bruder Michael vor die Wahl gestellt: entweder eine Haftstrafe oder eine Drogentherapie. Michael entschied sich natürlich für die Therapie, da er der Ansicht war, dass dies für ihn der leichtere Weg sein würde. Dies sollte sich aber als Irrtum herausstellen. Michael bekam dann auch relativ schnell seinen Antrittstermin für die Therapieklinik. Diese lag in Nordrhein-Westfalen. Den ersten Dämpfer bekam er, und auch wir, gleich am Anfang seiner Therapie. Hier gab es für die ersten drei Monate eine absolute Kontaktsperre, was bedeutete: keine Besuche, keine Briefe und auch keine Telefonate. Dies war für Michael und für uns, als absolute Familienmenschen, eine sehr schwere Zeit. Als die drei Monate dann endlich vorüber waren haben wir

Michael besuchen dürfen. Die Therapieklinik war wunderschön, eingebettet in eine Parklandschaft, gelegen. Für uns als Besucher war dies alles sehr befremdlich, aber wir waren froh, dass wir Michael endlich, nach so langer Zeit, wieder sehen durften. Er hatte abgenommen, sah aber sehr gut aus. Frisch und irgendwie erholt. An eine Begebenheit kann ich mich auch heute noch sehr gut erinnern. Wir waren in der Therapieklinik zum gemeinschaftlichen Kaffee und Kuchen eingeladen. Die Tische waren im Quadrat angeordnet, wie bei einer großen Familienfeier. Der Kaffee, wenn man dieses Getränk überhaupt so nennen konnte, war so dünn, dass man den Boden der Tasse durchscheinen sehen konnte. Nichts desto trotz nahmen auf einmal alle ihre Kaffeelöffel in die Hand und klopften mit den Worten „der Kaffee schmeckt gut" auf ihrer Tassen. Nach einem kurzen Spaziergang im Park mussten wir auch schon wieder nach Hause fahren. Leider löste dieser Besuch in Michael wohl so ein Heimweh aus, dass er die Therapie abgebrochen hatte und eines Abends bei uns vor der Haustüre stand. Durch diesen Abbruch wurde selbstverständlich seine Haftstrafe fällig, aber leider hatte die JVA Würzburg zu diesem Zeitpunkt keinen Platz für Michael frei und das Amtsgericht arbeitete sehr langsam. So kam es dann, dass Michael für eine sehr lange Zeit zu Hause verbringen durfte.

III. Die nackte Angst

Als hätten wir es nicht geahnt und eine heiden Angst davor gehabt, wurde Michael sehr schnell wieder rückfällig. Was aber noch viel schlimmer war, er nahm jetzt auch noch Heroin zu sich. Die ständigen Richtungswechsel seiner Stimmungslage war einfach grausam. Hatte er sich etwas gespritzt, so war er der freundlichste Mensch auf Erden, aber sobald die Wirkung nachgelassen hatte, so konnte er richtig ekelhaft bis mega-aggresiv werden. Ich weiß noch, als er mich einmal wüst beschimpfte, als ich sagte, dass ich einmal Krankenpfleger lernen möchte. Er gab mir in diesem Moment sämtliche Schimpfwörter dieser Erde. Angefangen von „alte Schwuchtel" bis hin zu „du bist doch ein Schande für die Familie". Meine Mutter durchlitt in dieser Zeit eine wahnsinnige Angst um ihren Sohn. Mehrmals hatte sie den zuständigen Richter richtiggehend angefleht, dass er Michael jetzt endlich inhaftieren solle, da sie eine so große Angst um ihn hatte, dass er die Zeit zu Hause nicht überleben würde. Wie oft hatte Michael unserer Mutter versprochen, er würde damit endlich aufhören ? Wie oft hatte er unsere Mutter an der Nase herumgeführt, in dem er seine Arme zeigte und sagte: „schau Mama, ich spritze nichts mehr". Elender Lügner ! Dabei hatte er nur die Körperstellen gewechselt, damit es niemanden auffällt, dass er sich weiterhin die Nadel gibt. Aber unsere Mutter hatte dies relativ schnell durchschaut. Einmal konnte meine Mutter Michael dazu überreden aufzuhören und so kam es, dass er bei uns zu Hause, in unserem gemeinsamen Zimmer, einen kalten Entzug machte. Dies war für unsere Mutter eine schlimme Erfahrung und für mich, als seinen Bruder, der blanke Horror. Als Kind hatte ich nicht nur panische Angst vor seinen Reaktionen und Handlungen, sonder auch um sein Leben. Michael war teilweise einfach nicht mehr er selbst. Manchmal kam einem das vor wie ein schlechter Film, in welchem der Hauptdarsteller zwei Rollen gleichzeitig spielt. Bei seinem kalten Entzug zeigten sich die absolut teuflischen Symptome dieser Sucht. Teilweise raste er vor Wut und teilweise lag er schwitzend und vor Schmerzen gekrümmt in seinem Bett. Als er einmal so in seinem Bett lag, wollte ich ihm helfen. Ich holte einen feuchten, kalten Waschhandschuh und wollte damit seine Stirn abtupfen, auf der die Schweißperlen, es war kalter Schweiß, so dicht gedrängt standen, dass diese an den Schläfen einen Rinnsal hinunter zu seinem Hals gebildet hatten. Ich tupfte einmal, ich tupfte ein zweites mal. Auf einmal sprang Michael wie von einer Wespe gestochen auf und schrie mich an: „was willst du Arschloch überhaupt von mir ?". Im gleichen Moment packte er mich, hob mich hoch, ich hatte in diesem Moment wirklich Todesangst, und warf mich mit voller Wucht gegen unseren Kleiderschrank. Die Türen des schwarz / rot lackierten Schrankes gaben bei meinem Aufprall nach und rissen aus den Scharnieren. Und so lag ich dann im Kleiderschrank und kauerte mich ganz eng und klein zusammen und versuchte keinen Laut von mir zu geben. Wie als wenn nichts geschehen wäre, legte sich Michael wieder in sein Bett. Meinen Eltern habe ich davon nie ein Wort erzählt. Er war doch immerhin mein Bruder und trotz all dem sorgte ich mich um ihn und liebte ihn. Diese Art von Entzug hatte er gerade einmal zwei Tage durchgehalten und wurde dann gleich wieder rückfällig. Eine Seite in mir bedauerte dies zu tiefst, aber es gab auch eine Seite in mir, welche fast schon froh darüber war, dass er wieder an der Nadel hing. So war er, dachte ich zumindest, nicht all zu gefährlich und ich musste keine Angst haben, dass ich wieder in einem Schrank landen würde. Dafür kam es später aber noch viel schlimmer.

IV. Nasses Gesicht

Inzwischen war Michael wieder voll auf Stoff, wie man so schön sagt. Das größte Problem für ihn bestand darin an Geld für seinen Stoff zu kommen und so wurde er teilweise sehr geschäftig. Teilweise dealte er, teilweise verkaufte er den Schmuck meiner Mutter, aber teilweise begann er auch in Geschäften zu klauen und verkaufte diese Dinge dann selbst weiter, um an Geld zu kommen. Er machte nicht einmal vor meinem Taschengeld halt, nur um irgendwie sich Geld zusammenzukratzen, so dass es für einen weiteren Schuss genügt. Ich war teilweise schon richtig sauer auf ihn, aber was hätte ich schon ausrichten können ? Ich war nicht nur sauer auf ihn, weil er nicht einmal vor meinem Taschengeld halt machte, sondern auch, weil es ihm scheinbar völlig egal war, dass wir uns alle die allergrößten Sorgen um ihn machten. Meine Eltern hatten nie viel Geld zur Verfügung, so dass sogar mein Lohn für das Austragen von Zeitungen mit in die Familienkasse eingeflossen ist, aber Michael interessierte sich nur für seine Drogen. Diese bestimmten seinen kompletten Tagesablauf, bzw. letztendlich sogar sein gesamtes Leben. Er hatte keinen freien Gedanken mehr für irgend etwas anderes. Alles andere war ihm egal, auch als er die Diagnose Hepatitis-B bekam und einige Zeit im Krankenhaus verbringen musste. Dies war mal eine kurze Auszeit für mich, aber er hielt es auch in diesem Krankenhaus wieder nicht lange aus. Als er wieder zu Hause war, ging natürlich wieder alles von vorne los, bzw. er knüpfte dort an wo er aufgehört hatte. Aber diesen mal sollte alles noch viel schlimmer werden. Ich war zwischenzeitlich schon zwölf Jahre alt, fühlte mich aber teilweise wie dreißig. So kräftezehrend war diese Zeit für mich. Ich habe auch immer wesentlich mehr mitbekommen und mitmachen müssen als meine Eltern, was daher kam, dass ich mir ja ein Zimmer mit Michael teilen musste. In meiner Kindheit, zumindest in dieser Zeit, hatte ich mehr Angst als ausgelassene Freude verspürt, was ich sehr bedauere. Mir wurde durch Michael ein großer Teil meiner Kindheit genommen. Eine weitere schlimme Erinnerung an die damalige Zeit, und davon gibt es leider viele (zu viele), war ein Zwischenfall, der sich in einer Nacht ergeben hatte. Michael muss wohl richtig High gewesen sein, so dass er überhaupt nicht mehr klar denken konnte, auf eine andere Weise kann ich mir sein Verhalten nicht erklären. Ich wurde auf einmal wach und wunderte mich warum mein Kopf, mein Gesicht und mein Kissen nass waren. Ich schaute nach oben und sah gerade noch wie mein Bruder Michael sein bestes Stück wieder einpackte. Was war geschehen ? Was geht hier ab

170

? Das waren wohl die ersten Gedanken, welche mir durch den Kopf geschossen sind, eh ich realisierte, dass er mir in seinem Wahn einfach auf den Kopf uriniert hatte. Ich blieb ganz starr vor Schreck und vor Angst liegen und bewegte mich keinen Millimeter. Ich stand erst, völlig angeekelt, auf, als er wieder in seinem Bett lag und eingeschlafen war. Ich ging als erstes duschen und verbrachte dann den Rest der Nacht auf dem Sofa im Wohnzimmer meiner Eltern. In mein volluriniertes Bett wollte ich nicht mehr zurück. Man muss sich nur einmal vorstellen, wie sich ein Kind in einer solchen Situation fühlen muss. Der eigene Bruder steht mit einem total verklärtem Blich vor einem und uriniert einem in das Gesicht. Da kamen bei mir viele Gefühle auf einmal zusammen hoch: Ekel, Angst, Verwirrtheit, Scham, aber es war vor allem die Angst, welche mich erstarren lies. Ich habe mich weder getraut ihn darauf anzusprechen, noch habe mich getraut mit meinen Eltern darüber zu reden. Meine Bettwäsche habe ich heimlich in der Waschmaschine verschwinden lassen, so dass die Sache nie ans Licht kam.

V. Schädliche Neugier

Ich weiß nicht, ob ich einfach nur neugierig war, oder ehr schon frühreif. Ich wusste, dass mein Vater im Schrank unter dem Fernsehgerät seine Sammlung an Pornofilmen versteckt hatte und ich dachte, dass ich allein zu Hause sein würde. Unsere Mutter war arbeiten und unser Vater auch. Also packte mich ab und an die Neugierde. Eines Tages stöberte ich wieder in diesem Schrank und suchte mir eines der Videos aus. Ich muss zugeben, dass mich die Mischung aus dem Anschauen der Videos und dass man mich dabei erwischen könnte, teilweise etwas erregt hatte. Also sah ich mir neugierig und gespannt eines der Videos an und bemerkte überhaupt nicht, dass Michael gekommen war und eine ganze Weile hinter mir stand. Als ich ihn endlich irgendwann bemerkte bin ich fast zu Tode erschrocken und habe ganz schnell den Fernseher ausgeschaltet. Seine Reaktion war nur ein verschmitztes „so, so" und ich habe ihn darum gebeten, nicht davon unseren Eltern zu erzählen. Er grinste nur und hat mir dies dann auch versprochen. Wir haben dann nicht mehr über dieses Video gesprochen und ich hatte diese für mich sehr peinliche Situation fast schon wieder vergessen. Ich denke, es muss so ca. zwei bis drei Wochen nach dieser „Erwischt-Situation" gewesen sein, als sich dann etwas in meinem Leben ereignete, dass mich sehr nachhaltig verändert hat. Ich werde dies auch so gut wie ich es kann beschreiben. Zart besaitete Leser sollten jetzt nicht weiter lesen, da es, auch für mich, ehr scheußlich weitergeht. Es war ein ganz normaler Nachmittag und unsere Eltern waren, wie fast immer, auf ihren Arbeitsstellen. Mein Bruder Basti, der damals noch sehr klein war, war bei seiner besten Freundin und machte dort seine Hausaufgaben. Michael war zu diesem Zeitpunkt auch nicht zu Hause. Wahrscheinlich war er wieder einmal bei einem seiner „Drogen-Freunde". Ich machte also meine Hausaufgaben, habe den Hund schnell Gassi geführt und habe dann die Wohnung etwas aufgeräumt. Da unsere Eltern sehr viel arbeiten mussten, um ihre Schulden zu bezahlen, blieb die Hausarbeit an uns Kindern, oder viel mehr an mir hängen. Eigentlich bliebt fast die gesamt Hausarbeit an mir hängen. Ich war gerade mit der Küche fertig geworden, als Michael mit einem seiner engeren Freunde, sein Name war Jens, nach Hause kam. Sie gingen aber gleich in unser Zimmer, um sich schnell einen Schuss zu setzen. Ich merkte das immer sofort, wenn er wieder etwas brauchte. Ungefähr zehn Minuten später war dann Gelächter und ausgelassene Stimmung aus unserem Zimmer zu hören. Was kotzte mich das damals an, aber lieber er war so drauf, als das er aggressiv und schlecht gelaunt war. So kam es, dass ich dann irgendwann ins Zimmer musste, oder wollte, es war ja schließlich auch mein Zimmer gewesen. Michael war verdammt gut gelaunt (warum wohl) und meinte, als ich die Türe einen Spalt öffnete: „komm ruhig rein". Diese Antwort hatte ich selten einmal von Michael gehört. Also ging ich in das kleine Zimmer und setzte mich auf mein Bett. Eigentlich wollte ich mich nicht lange dort aufhalten. Ich wollte nur unseren Hund streicheln und dann wieder ins Wohnzimmer gehen um dort etwas fern zu sehen, aber Michael meinte, ich solle doch noch etwas bleiben. Was war denn bitte mit dem los ? Was mit ihm los war, sollte ich dann sehr schnell zu spüren bekommen. Nachdem sich Michael mit mir über allerhand belangloser Dinge unterhalten hatte, fragte er mich, ob ich mich noch an den Film erinnern könnte, bei dem er mich erwischt hatte. Natürlich konnte ich das, aber warum spricht er mich ausgerechnet jetzt und dann auch noch vor seinem Kumpel an ? Ich muss wohl ziemlich rot geworden sein, denn er meinte nur, dass das nichts schlimmes sei und etwas ganz normales ist, wofür man sich nicht schämen braucht. Ich glaube, ich habe darauf gar nicht viel antworten können, weil mir diese Situation einfach nur furchtbar peinlich war. Die nächste Frage brachte mich allerdings sehr durcheinander und hätte ich einen klaren Kopf gehabt oder mehr Zeit zum Überlegen gehabt, so hätte ich mich wahrscheinlich umgedreht und hätte das Zimmer verlassen, aber das habe ich eben nicht getan. Michael fragte mich, ob ich das auch einmal ausprobieren wollte, was die da in dem Video gemacht haben. Aus irgendeinem Grund, warum auch immer, habe ich diese Frage mit einem Ja beantwortet, was sich als einer der größten Fehler meines Lebens herausstellen sollte. Kaum hatte ich seine Frage mit Ja beantwortet, standen er und Jens auch schon auf und ihre Hosen herunter. Michael sagte dann zu mir, dass ich „Da" mit meinem Mund hin solle. Ich habe es getan, wahrscheinlich auch aus Angst, dass er sonst einen Ausraster bekommen könnte. Das nächste woran ich mich erinnern kann ist, dass Jens zu mir sagte, ich soll mich auf den Bauch legen. Es dauerte nicht lange und ich spürte einen ziehenden Schmerz, welchen ich niemals vergessen sollte. Er nahm mich und ich höre heute noch sein Stöhnen hinter meinen Ohren. Als beide endlich damit fertig waren, drohte man mir noch, dass ich nichts sagen dürfte und dass das ja alles völlig normal sei und ich jetzt langsam ein Mann werden würde. Ich hatte auch viel zu viel Angst davor irgendjemanden etwas darüber zu erzählen. In den folgenden Wochen wurde meine Angst von Jens noch ein paar mal ausgenutzt. Damals habe ich alles noch gar nicht als so schlimm empfunden, was sich aber Jahr um Jahr änderte und in mir immer schlimmer wurde. Am schlimmsten wurde dies allerdings erst heute, mit vierunddreißig Jahren, als ich nun die Gelegenheit gefunden habe mich mit mir selbst und mit meiner Vergangenheit auseinander zu setzen. Über zwanzig Jahre später bricht das nun alles wieder aus mir heraus und hat mich und mein Leben nochmals komplett verändert. Ich weiß nicht wie oft ich deshalb weinen musste, aber sich damit und all dem anderen auseinander zu setzen, ist für mich das Schlimmste auf dieser Welt. Ich war doch noch ein Kind. Meine kindliche Naivität und Neugierde wurde schamlos ausgenutzt und meine Seele gebrochen. Heute habe ich Michael jedoch verziehen. Diesen Teil und auch all die anderen Dinge, welche geschehen sind. Es war immerhin mein Bruder, den ich trotz all dem geliebt habe, so schwer verständlich dies auch für die Allermeisten sein mag. Vergessen ist menschlich, vergeben ist göttlich.

Die Nacht sie kommt in großen Schritten
Ich darf in deine Träume blicken
Lieblich sanft so schläfst du da
Träumst so schön, als wär es wahr
Die Augen hast du fest verschlossen
Wie Blei ich in deinen Traum gegossen
Und wenn am Morgen du erwachst
Ich küsse Dich als denn du lachst.

VI. Das Ende

Es war ein ganz normaler Tag im Oktober. Um genau zu sein war es Donnerstag, der dreizehnte Oktober neunzehnhundertvierundneunzig. Ich werde diesen Tag niemals vergessen. Vor allem aber nicht die Geschehnisse am Abend dieses Tages, welche bis weit in den vierzehnten Oktober hineinragten. An diesem Tag war Michael relativ gut drauf und schenkte Basti, der gerade einmal sieben Jahre alt war, eine Videokassette. Der Film hieß „Free Willy". In diesem Film ging es um einen Jungen und einen Orka-Wal. Der Junge kämpfte um die Freiheit dieses Tieres und natürlich gab es in diesem Film ein Happy End. Dies galt an diesem Tag aber leider nicht für Michael und unsere Familie. Bis zu diesem Zeitpunkt habe ich den Abend in unserem Zimmer verbracht. Als Michael dann in unser Zimmer kam, bat er mich nach draußen zu gehen, weil er „etwas" zu erledigen hatte. Ich wusste genau was Sache war und war deshalb richtig sauer. Manchmal war es ihm egal und er setzte sich seinen Schuss auch dann, wenn ich mit im Zimmer war. An diesem Abend allerdings nicht. Ich bin dann widerwillig und bockig zu meinen Eltern ins Wohnzimmer gegangen und habe dort mit ihnen etwas fern gesehen. Ich weiß gar nicht mehr was gelaufen ist, aber mir wäre mein Wrestling Video, welches ich gerade in unserem Zimmer geschaut hatte viel lieber gewesen. Michael kam dann noch einmal zu uns in das Wohnzimmer und bediente sich an einem Stück gegrillten Hähnchen, welches auf dem Wohnzimmertisch stand. Er zeigte, voller Stolz, meiner Mutter seine Unterarme und sagte ihr, dass alles gut werden würde, dass er nicht mehr fixte. Ich glaubte ihm kein Wort und ich sollte recht behalten. Dann verschwand er wieder in unserem Zimmer. Ich war schon ziemlich müde, aber schaute noch mit meinen Eltern TV. Meine Mutter musste an diesem Abend noch zur Nachtschicht. Sie arbeitete an einer Tankstelle, an welcher ich später auch mit dem Arbeiten begonnen habe. Es muss so gegen zweiundzwanzig Uhr gewesen sein, als meine Mutter sich auch noch von Michael verabschieden wollte. Als sie an der Türe zu unserem klopfte kam keine Antwort, also öffnete meine Mutter die Türe. Das Bild, welches sich uns nun geboten hatte, werde ich mein Leben lang nicht mehr los. Mein Bruder war vornüber von seinem Bett gekippt und lag mit dem Gesicht auf dem Boden. Meine Mutter hatte trotz ihres Entsetzens noch richtig reagiert und meinem Vater zugerufen, dass er sofort den Notarzt rufen soll. Ich weiß noch, dass ich für mich ab da schon wusste, dass er keinen Arzt mehr brauchen würde. Ich passte aber in der Zwischenzeit auf meinen kleinen Bruder Basti auf, welcher durch das Chaos wach wurde und unbedingt wissen wollte, was da draußen in der Wohnung vor sich ging. Trotzdem habe ich gebetet, wie ich noch nie zuvor in meinem Leben gebetet habe, aber vergebens. Die Sanitäter konnten nur noch den Tod feststellen. Unser Hausarzt, der zwischenzeitlich auch gekommen war, wollte dies nicht wahrhaben und führte trotz allem Wiederbelebungsmaßnahmen bei meinem Bruder durch, so lange, bis auch er zur Einsicht gekommen ist, dass alles verloren ist. Die Polizei war mittlerweile auch angekommen und klärte alles weitere ab. Mein Bruder musste in die Gerichtsmedizin gebracht werden. Ich habe das alles voller Angst und Verstörung durch einen Schlitz in der Schlafzimmertüre meiner Eltern beobachtet. Mein geliebter Bruder war verstorben. Bei uns zu Hause herrschte in den nächsten Stunden und Tagen eine gespenstische Stille, welche lediglich durch das Weinen meiner Eltern immer wieder unterbrochen wurde. Am Morgen danach ging ich trotz allem ganz normal zur Schule und habe in einer Mathearbeit die Note zwei geschrieben (angesichts der zuvor erlebten Dinge eigentlich fast unmöglich, aber ich habe es geschafft. Wahrscheinlich weil ich selbst noch zu arg unter einem Schock gelitten habe). Am schlimmsten in den Folgetagen war der Bestattungsunternehmer, welcher sich den Auftrag für die Bestattung von Michael unter den Nagel gerissen hatte. Dieser Bestand dann auch noch auf eine Anzahlung, ansonsten, wenn er diese nicht bekommen würde, würde er die Bestattung nicht durchführen. Geschockt von dieser Aussage haben meine Eltern diese Anzahlung dann auch geleistet. Diese Anzahlung konnten sie aber auch nur deshalb leisten, weil Michael eine Lebensversicherung abgeschlossen hatte und seine Bank darüber bescheid wusste. Diese Bank hatte dann meinen Eltern das Geld vorgestreckt. Ich glaube, dass ich das ganze Ausmaß, dass Michael nie wieder kommen würde, habe ich erst am Tag seiner Beerdigung begriffen. Am schmerzlichsten wurde mir dies klar, als man seinen Sarg in sein kaltes Grab hinab gelassen hat. Obwohl mein Bruder Michael mir mein halbes Leben versaut hat, habe ich ihm verziehen. Michael .... Ruhe in Frieden.

Zeitfracht Medien GmbH
Ferdinand-Jühlke-Straße 7
99095 Erfurt, Deutschland
produktsicherheit@kolibri360.de